Inhalt

17 Mann oh Mann, sind das Zauberberge

Auf den Spuren von Thomas Mann:
Von der Schatzalp nach Davos

23 Auf höchstem Niveau

Grandioses Panoramawandern
im Schanfigg:
Vom Weisshorn nach Arosa

29 Bahn frei!

Schlittel-Klassiker entlang der
Rhätischen Bahn:
Auf der Albulapassstrasse von
Preda nach Bergün

35 Wo der Süden nicht weit ist

Region Gotthard-Oberalp:
Von Andermatt auf den Nätschen
und nach Realp

›

D1719692

Spass in der Gruppe:
Schneeschuhtour bei Engelberg (S. 47)

Inhalt

Jochen Ihle

Pfade in Weiss

Winterwandern, Schlitteln, Schneeschuhlaufen
in den Schweizer Bergen

WERDVERLAG

**Raus! Die Schweizer Berge
locken mit vielen Wintererlebnissen**

Wissenswertes

Winterwanderwege

Winterwanderwege sind in der Schweiz in der Regel pink markiert. Die Wege sind ausschliesslich während der Wintermonate signalisiert. Pinkfarbene Wegweiser informieren über Standorte, Wanderziele und Gehzeiten, Pfosten in derselben Farbe bestätigen jeweils, dass man auf dem richtigen Weg ist. Vielerorts trifft man auch noch auf den lachenden Schneemann auf gelbem Wegweiser.

Die Zeitangaben sind Durchschnittswerte; ebenso wie bei den allgemeinen Wanderwegweisern sind Pausen nicht mit eingerechnet. Als Fussgänger kommt man im Schnee langsamer vorwärts als auf trockenen Wanderwegen, 3 Kilometer pro Stunde sind ein realistischer Richtwert.

Winterwanderwege stellen in der Regel keine besonderen Anforderungen an die Wanderer. Aus diesem Grund wird im vorliegenden Buch auf eine Klassifizierung des Schwierigkeitsgrads verzichtet. Jedoch ist auf Schnee immer mit Rutschgefahr zu rechnen. Bei Lawinengefahr oder nach intensiven Schneefällen können Wege auch gesperrt sein. Es empfiehlt sich vor der geplanten Wanderung, das zuständige Tourismusbüro oder die Seilbahnunternehmung zu kontaktieren, um abzuklären, ob der betreffende Weg offen ist.

Winterwanderwege sind in der Regel pink markiert (Bilder links), aber auch an den gelben Wegweisern vom Sommer kann man sich orientieren, sofern diese nicht eingeschneit sind (Bild rechts unten). Den Hinweisen auf Lawinengefahr ist auch beim Winterwandern und Schneeschuhlaufen unbedingt Beachtung zu schenken (Bild rechts oben)

Schneeschuhtrails

«Global Trail» ist ein Markierungskonzept für Schneeschuhrouten. Die Farben Blau, Rot und Schwarz signalisieren, wie bei den Skipisten, die Schwierigkeit der Route. Blau steht für leichte Schneeschuhwanderungen in einfachem Gelände, die für Einsteiger geeignet sind. Rot markierte Trails sind für erfahrene und geübte Schneeschuhläufer das Richtige, die Route verläuft durch mässig steiles Gelände mit gelegentlich auch steileren Passagen im Auf- und Abstieg. Die Umstände und Gefahren (Wetter, Schneeverhältnisse) müssen richtig eingeschätzt werden können. Schwarz bezeichnet ausschliesslich geführte Touren für gebirgs- und schneeschuherfahrene Personen in Begleitung eines Bergführers oder eines Schneeschuhwanderleiters.

Markierte Trails bieten vor allem Schneeschuh-Einsteigern, die wenig Erfahrung in der winterlichen Bergwelt haben, die nötige Sicherheit und sorgen auch dafür, dass das Schneeschuhwandern tatsächlich eine «sanfte» Sportart bleibt. Seine eigene Spur in den Schnee zu ziehen ist reizvoll, für die im Winter

sehr sensibel reagierende Tier- und Pflanzenwelt ist es jedoch schonender, wenn die zunehmende Zahl der Schneeschuhwanderer auf markierte Trails kanalisiert wird.

Auf den Internetseiten www.globaltrail.net und www.sentiers-raquettes.com sind alle Routen mit Karten und weiteren Informationen abrufbar. Auf der Homepage des Schweizerischen Alpenclubs SAC steht ein Flyer «Naturverträgliche Wintertouren» zum Download bereit (www.sac-cas.ch).

Auch für aktive Kids geeignet: Blau markierte Schneeschuhtrails, hier auf Sunnbüel bei Kandersteg (S. 65)

Wissenswertes

Schwierigkeiten

Dieses Buch möchte neben dem klassischen Winterwandern auch zum Schneeschuhlaufen einladen. Im Inhalt finden sich ausschliesslich einfache Schneeschuhtouren, die sich für Einsteiger und auch für Familien mit Kindern gut eignen. Die Schwierigkeitsbewertung orientiert sich an der 6-stufigen SAC-Schneeschuhtourenskala und an den Farbmarkierungen der «Global Trails». Die hier vorgestellten Touren sind entweder mit den Schwierigkeitsgraden WT1 («leichte Schneeschuhwanderung») und WT2 («Schneeschuhwanderung») klassifiziert (WT = Wintertrekking) oder mit den Farben Blau und Rot der «Global Trails». Die Schwierigkeitsangaben beziehen sich immer auf günstige Verhältnisse, also auf gutes Wetter und klare Sicht. Bei starkem Schneefall oder Nebel nehmen die Anforderungen rasch zu. Die Trails werden markiert, aber nicht gespurt und überwacht.

Wer Schneeschuhwanderungen abseits markierter Trails plant, muss unbedingt gute Kenntnisse in Schnee- und Lawinenkunde haben. Entsprechende Kurse bieten diverse Organisationen (SAC, Naturfreunde) sowie Bergführerbüros und Bergsportschulen an. Kenntnisse der Orientierungsmittel wie Karte, Kompass, Höhenmesser und evtl. GPS sind elementar, ebenfalls die richtige Handhabung eines Lawinenverschüttetensuchgerätes (LVS).

Wildschutzgebiete

So schön der Winter für uns Spaziergänger ist, so anstrengend ist er für die Alpentiere. Signalisierte Winterwanderwege und markierte Schneeschuhtrails lenken die Besucher in geordnete Bahnen. Wer abseits ausgeschilderter Wege wandert, hat Wildruhe- und Schutzgebiete zu respektieren. Alpentiere reduzieren in der kalten Jahreszeit ihre Bewegungen auf ein Minimum; durch unnötiges Aufscheuchen verbrauchen die Tiere auf der Flucht viel Energie, die im nahrungsarmen Winter nur schwer wieder aufgefüllt werden kann.

Bei den Raufusshühnern ist das Auerhuhn vom Aussterben bedroht, das Birkhuhn gehört zu den gefährdeten Arten. Ihre Vermehrung wird durch menschliche Störungen empfindlich beeinträchtigt. Touren entlang Schutz bietender Wald- und Baumgrenzen sind daher zu meiden, ebenfalls Touren in der Dämmerung oder nachts bei Vollmond. Beim aufmerksamen Gehen durch die Winterlandschaft entdeckt man durchaus Rehe, Gämsen und Steinböcke. Aber bitte nur aus gebührender Entfernung beobachten!

**Unter der Schweizer Wintersonne:
Schneemänner und Schneeschuhe**

Schneeschuhe –
welches Modell für welchen Zweck?

Schneeschuhlaufen ist ohne besondere Ausbildung und Ausrüstung möglich. Es genügen, neben den Schneeschuhen, gute Wanderschuhe, Ski- oder Teleskopstöcke und eine der Witterung angepasste Kleidung. Doch welches Schneeschuh-Modell eignet sich nun für welchen Zweck? Die ursprünglichen Modelle der Indianer und Trapper bestanden aus gebogenem Holz mit Tierhaut- und Sehnenbespannung. Solche «Originals» haben ihren optimalen Einsatzbereich im frisch und tief verschneiten und vor allem flachen Gelände, sind jedoch selten anzutreffen und eher etwas für Nostalgiker und Romantiker.

«Classics» sind von der Form her den «Originals» nachempfunden, besitzen jedoch einen leichten Aluminiumrahmen und sind mit einem kälteunempfindlichen Kunststoff bespannt. Sie eignen sich sowohl für Tiefschnee und einfaches Gelände als auch für den Einsatz in Hanglagen. Je nach Modell sind die Klassiker mit weniger oder sehr gut greifenden Harscheisen ausgerüstet, welche Auf- und Abstiege erleichtern.

«Moderns» bestehen aus kältefestem Hartplastik und sind meist kleiner als «Originals» und «Classics». Unter den Riemenbindungen sitzen gut greifende Harschkrallen, weshalb «Moderns» für steiles und alpines Gelände zu empfehlen sind.

Schneeschuhe gibt es in unterschiedlichen Grössen, selbst Kindergrössen sind erhältlich. Für die richtige Wahl spielen aber auch die Schneebeschaffenheit und der bevorzugte Einsatzbereich eine Rolle. Schneeschuh-Einsteiger sollten sich deshalb im Fachgeschäft beraten lassen. Für die ersten Schnupper-Touren ist es von Vorteil, Schneeschuhe zu mieten, um ein Gefühl für die diversen Modelle zu bekommen.

Winterausrüstung

Einen Rucksack besitzen die meisten Personen vom Wandern in der wärmeren Jahreszeit. Wichtig beim Winterwandern und beim Schneeschuhlaufen sind zudem natürlich wasserdichte Trekking- bzw. Wanderschuhe oder aber kälteisolierende Winterstiefel. Eine unentbehrliche Hilfe im Auf- und Abstieg oder beim Balancieren an Querungen sind verstellbare Teleskopstöcke, die sich in der Länge an die unterschiedlichen Schnee- und Gehbedingungen anpassen lassen. Die Wahl der Hosen (wasserabweisend, windresistent), Jacken (Anorak, Daunen-, Windjacke usw.) und Pullover (Fleece) ist individuell sehr unterschiedlich und richtet sich auch nach Wetterlage bzw. Temperatur. Gamaschen sind Geschmackssache, sie verhindern eindringenden Schnee in den Schuh, sind bei einer Hochtouren- oder Skihose jedoch überflüssig. Bleiben noch Handschuhe (nässedicht, atmungsaktiv), Kopfschutz (Kapuze, Mütze, Stirnband), Sonnenschutz, Sonnenbrille und Erste-Hilfe-Set.

**Ende der Saison oder Vorfreude
auf den nächsten Winter?**

Wissenswertes

SAC-Schwierigkeitsbewertung von Schneeschuhtouren

In der Schwierigkeitsbewertung wird die Länge der Touren nicht berücksichtigt. Für alle Touren sind gute Kenntnisse der Orientierungsmittel (Karte, Kompass, Höhenmesser oder GPS) und der Routenwahl nötig. Die diesbezüglichen Anforderungen sowie die Ernsthaftigkeit steigen in der Regel mit zunehmendem Schwierigkeitsgrad. Weiter wird für alle Touren (ausser WT1) die Mitnahme von Lawinenverschüttetensuchgerät (LVS), Schaufel und Sonde empfohlen. Bei den Schwierigkeitsgraden handelt es sich um Richtwerte bei guten Schnee-, Witterungs- und Sichtverhältnissen, die nur für den mit Schneeschuhen zurückgelegten Weg gelten.

Zeichenerklärung

WT1 Schwierigkeitsgrad (siehe S. 8)
◑ Wanderzeit
⍝ Distanz
▲▲ Höhendifferenz

Die Angaben zu Distanzen und Höhendifferenzen basieren auf der Software SwissMap25 von swisstopo.

Grad	Gelände	Gefahren	Anforderungen
WT1 Leichte Schnee-schuhwanderung	<25°. Insgesamt flach oder wenig steil. In der näheren Umgebung sind keine Steilhänge vorhanden	Keine Lawinengefahr Keine Abrutsch- oder Absturzgefahr	Lawinenkenntnisse nicht notwendig
WT2 Schneeschuh-wanderung	<25°. Insgesamt flach oder wenig steil. In der näheren Umgebung sind Steilhänge vorhanden	Lawinengefahr Keine Abrutsch- oder Absturzgefahr	Grundkenntnisse im Beurteilen der Lawinensituation
WT3 Anspruchsvolle Schneeschuh-wanderung	<30°. Insgesamt wenig bis mässig steil. Kurze steilere Passagen[1]	Lawinengefahr Geringe Abrutschgefahr, kurze, auslaufende Rutschwege	Grundkenntnisse im Beurteilen der Lawinensituation
WT4 Schneeschuhtour	<30°. Mässig steil Kurze steilere Passagen[1] und / oder Hangtraversen. Teilweise felsdurchsetzt. Spaltenarme Gletscher	Lawinengefahr Abrutschgefahr mit Verletzungsrisiko Geringe Absturzgefahr	Gute Kenntnisse im Beurteilen der Lawinensituation Gute Lauftechnik Elementare alpinistische Kenntnisse
WT5 Alpine Schneeschuhtour	<35°. Steil Kurze steilere Passagen[1] und / oder Hangtraversen und / oder Felsstufen. Gletscher	Lawinengefahr Absturzgefahr Spaltensturzgefahr Alpine Gefahren	Gute Kenntnisse im Beurteilen der Lawinensituation Gute alpinistische Kenntnisse Sicheres Gehen
WT6 Anspruchsvolle alpine Schneeschuhtour	>35°. Sehr steil Anspruchsvolle Passagen und / oder Hangtraversen und/oder Felsstufen. Spaltenreiche Gletscher	Lawinengefahr Absturzgefahr Spaltensturzgefahr Alpine Gefahren	Gute Kenntnisse im Beurteilen der Lawinensituation Sehr gute alpinistische Kenntnisse. Sicheres Gehen in Fels, Firn und Eis

[1] steiler als die allgemein angegebene Steilheit, WT = Wintertrekking

Wichtige Telefonnummern und Internetseiten

Als Ergänzung zur Tourenplanung sind nachfolgend einige wichtige Telefonnummern und nützliche Websites aufgelistet:

Wetter und Lawinenbericht

Wetterbericht	**162**
	www.meteoschweiz.ch
Alpenwetterbericht	**0900 552 138**
Lawinenbulletin	**187**
	www.slf.ch

Notfall

Rega	**1414**
	www.rega.ch
Polizei	**117**
Feuerwehr	**118**

Markierte Schneeschuhtrails

Global Trail: www.globaltrail.net

Schweizerischer Schneeschuhverband:
www.sentiers-raquettes.com
www.swisssnowshoe.ch

Wanderwege

Schweizer Wanderwege: www.wandern.ch

Kurse, geführte Touren, Umwelt

Mountain Wilderness:
www.mountainwilderness.ch

Naturfreunde Schweiz: www.naturfreunde.ch

Schweizer Alpen Club SAC:
www.sac-cas.ch

World Wildlife Fund: www.wwf.ch

Allgemeines

Fahrplan: www.sbb.ch; www.postauto.ch

Karten: www.swisstopo.ch

Literatur: www.pizbube.ch

Schweiz Tourismus: www.myswitzerland.com

Tourentipps für Winteraktivitäten

www.ausflugsziele.ch; www.bergfex.ch,
www.tourenguide.ch; www.wandersite.ch

Beispieltouren

Buffalora – Jufplaun; Goldau – Wildspitz; Zettenalp; La Lécherette – Mt. Chevreuil; Chasseron

Val S-charl (Talboden); Parpan – Churer Joch; Dreibündenstein; Realp – Tiefenbach; Hundsrügg; Solalex – Pas de Cheville; La Dôle; Alpe Casaccio – Campo Solario

Munt Buffalora; Mattjisch Horn; Buochserhorn; Hengst (Schrattenflue); Turnen; Bürglen; Staldhorn; Croix de Javerne (N-Grat); Campo Solario – Passo del Sole – Cap. Cadagno

Piz Calderas; Schilt; Bannalp – Chaiserstuel; Hohgant; Steghorn; Wistätthorn; Col de Chaude – Rochers de Naye; Madrano – Föisc

Piz Kesch; Piz Buin; Sustenhorn; Wildstrubel; Wandflueh; Äbeni Flue; Strahlhorn; Pigne d'Arolla; Basodino

Piz Palu; Tödi; Galenstock; Wetterhorn; Jungfrau; Mont Vélan; Pizzo Campo Tencia

10.10.2005

«Gestern haben wir Schnee bekommen, und heute in der Morgen-
frühe ging ich hinaus zur sorgsamen und ruhigen Besichtigung
der Schneelandschaft. Niedlich, wie ein artiges Kätzchen, das sich
geputzt hat, liegt jetzt das reiche, liebliche Land da. Jedes Kind,
sollte ich meinen, kann die Schönheit einer Schneelandschaft im
Herzen verstehen, das feine saubere Weiss ist so leicht verständlich,
ist so kindlich.»

(Robert Walser, «Die kleine Schneelandschaft»)

Kein Schnee von gestern

Der Schweizer Schriftsteller Robert Walser war nicht nur ein grosser Literat, sondern auch ein leidenschaftlicher Spaziergänger. Und das vor allem im Winter. Er muss sie geliebt haben, die kalte Jahreszeit, seine Texte legen dies nahe. Da geht es um Schneefall, um Winterlandschaften mit verschneiten Bäumen, Feldern und Bergen, aber auch um die kleinen Wunder am Weg oder ums Schneemannbauen und Schlittenfahren. Und natürlich schreibt er über das Wandern: «Alle Tannenäste sind voll Schnee, beugen sich unter der dicken Last tief zur Erde herab, versperren den Weg. Den Weg? Als wenn es noch einen Weg gäbe! Man geht so, und indem man geht, hofft man, dass man auf dem rechten Weg sei.»

Das Wandern im Winter erfreut sich heute steigender Beliebtheit. Wenn Frau Holle ganze Arbeit geleistet hat und der frisch gefallene Schnee Wälder und Felder, Berge und Täler in Puderzuckerlandschaften verwandelt, kommt die Zeit für stille Geniesser. Kaum ein Wintersportort, der diesem Trend nicht mit präparierten Winterwanderwegen begegnet. Und damit man auch auf dem richtigen Weg unterwegs ist, sind die Pfade in Weiss vorbildlich beschildert.

Gehen wir also auf Entdeckungsreise durch die Schweizer Winterwunderwelt. Das vorliegende Buch möchte Sie einladen, in verschiedenen Regionen der Schweiz den Winter wandernd zu verbringen, sei es im Jura über sanfte Hügelzüge und durch märchenhaft verschneite Wälder oder im Waadtland beim farbenprächtigen Heissluftballonfestival von Château-d'Oex. Mit diesem Buch sind Sie auch in alpinen Höhen unterwegs, erleben auf der Route zur Britanniahütte den 4000er-Gipfelkranz rund um Saas Fee und wandern auf dem klassischen Gemmipassweg vom Berner Oberland ins Wallis. Auch Gipfelerlebnisse kommen nicht zu kurz. Da geht es in Arosa hinauf auf das Weisshorn, in der Ostschweiz auf den Säntis, und man bestaunt in Davos die in der Weltliteratur verewigten Zauberberge.

Immer schön die Kurve kriegen...

Bahn frei! Ob sportliches Freizeitvergnügen oder unterhaltsamer Familienplausch: In der Schweiz auf zwei Kufen ins Tal hinunterzusausen ist mehr als eine Ergänzung zum Winterwandern. Schlitteln ist schon seit je ein beliebter Volkssport. Ideale Hänge finden sich, genügend Schnee vorausgesetzt, auch schon mal vor der Haustür.

Inzwischen präparieren viele Wintersportorte eigens dafür angelegte Schlittelwege und -bahnen. Diese haben ihren besonderen Reiz: plattgewalzten Schnee, Tempo versprechende Passagen, kilometerlange Abfahrten hinab ins Tal. Deshalb raus aus dem Keller mit den hölzernen «Davosern» und «Grindelwaldnern». Die jugendliche Konkurrenz saust vielleicht auch johlend auf einem Hightech-Sportschlitten hinunter – stiebender Neuschnee und flatternde Hosenbeine inklusive.

Schlitteln ist ein Mix aus Spass und Bewegung, aus Landschaftsgenuss und Familienerlebnis. Kommen Sie mit auf den längsten Schlittelweg Europas und sausen Sie vom Faulhorn hinab nach Grindelwald. Oder steigen Sie in Graubünden in die roten Wagen der Rhätischen Bahn und zuckeln Sie die Albulastrecke hinauf: Die Schlittelbahn von Preda nach Bergün ist ein absoluter Klassiker.

Lockruf des Pulvers

«…und da lag es da, das Kinderland in seiner Kinderfarbe. Die Bäumchen und Bäume schienen einen graziösen Tanz auf dem weissen Felde aufzuführen, und die Häuser hatten weisse Mützen, Kappen, Kopfbedeckungen oder Dächer. Es sah so appetitlich, so lockig, so lustig und so lieb aus, ganz wie das zarte, süsse Kunstwerk eines geschickten Zuckerbäckers.» Wer möchte da nicht hineinwandern, in diese von Robert Walser besungene und von der Natur modellierte Landschaft. Im tiefen Schnee seine Spur zu ziehen ist ein idealer Ausgleich zur permanenten Beschleunigung im urbanen Alltag. Schneeschuhwandern ist die neue Trendsportart, denn sie vereint Erholung mit Erlebnis.

Schneeschuhwandern heisst Landschaften im eigenen Tempo durchschreiten, heisst Zeit haben, Zeit für Entdeckungen, für Beobachtungen, Distanz bekommen zum Alltag, neue Eindrücke gewinnen, den Kopf frei machen.

Waren Schneeschuhe für Trapper und Indianer im Winter noch überlebenswichtig, so ist aus dem Hilfsmittel für die Jagd längst ein modernes Sport- und Freizeitgerät geworden. Und das Gehen mit Schneeschuhen ist erst noch einfach zu erlernen. Denn wer wandert, kann auch Schneeschuhlaufen. Das bedeutet jedoch nicht, dass Schneeschuhtouren harmlose Spaziergänge sind: Wer mit Schneeschuhen unterwegs ist, sollte auch auf markierten Trails die Lawinengefahr kennen und der Wetterentwicklung Beachtung schenken.

Dem Trend Schneeschuhwandern wird in diesem Buch Rechnung getragen. Ob im Jura oder im Diemtigtal – die Voralpen sind eine ideale Spielwiese für die ersten Schritte im Schnee. Doch auch in der Höhe sind dem Schneeschuhlaufen keine Grenzen gesetzt: Hoch über Zermatt schnuppern wir 3000er-Luft und wandern im Banne des Matterhorns vom Gornergrat zum Riffelberg.

Die hier vorgestellten Winterwanderungen und Schneeschuhtrails sind eine rein subjektive Auswahl des Autors. Im Infoteil sind zu jeder Tour weitere Varianten angegeben und unter «Tipp» finden Sie Anregungen, was in der jeweiligen Region noch angeboten wird. Das Winterwanderwegenetz in der Schweiz ist engmaschig und erweitert sich ständig, und auch zum bestehenden Angebot an markierten Schneeschuhtrails kommen laufend neue Routen hinzu. Und natürlich werden Sie beim Unterwegssein selbst weitere Wandermöglichkeiten entdecken, die Ihren Fähigkeiten und Interessen entsprechen. Ich wünsche Ihnen viel Freude mit diesem Buch und mit den nachfolgenden Zeilen aus Robert Walsers «Die kleine Schneelandschaft» schöne und zauberhafte Wintererlebnisse.

«Geh doch hin, lieber Leser, noch steht das zauberische Landbild da, mit Schnee auf seinem lieblichen Antlitz. Man darf nur nie zu träge sein und sich vor ein paar hundert Schritten nicht fürchten, zeitig aus dem Faulenzerbett aufstehen, sich auf die Glieder stellen und nur ein wenig hinauswandern…»

Jochen Ihle, Winter 2008

Mann oh Mann, sind das Zauberberge

Auf den Spuren von Thomas Mann:
Von der Schatzalp nach Davos

Von der Schatzalp nach Davos

⊙ 2¼ h / 1 h
⊔⊔ 7 km / 3 km
▲▲ - / 320 m

Routen Sonnenweg Schatzalp (1861 m) –
Strelaalp (1921 m) und Wasserfallrund-
gang Schatzalp. Thomas-Mann-Weg
Schatzalp–Hohe Promenade–Davos
Platz (1540 m) bzw. Dorf (1560 m)

Wanderzeiten Sonnenweg 2,5 km,
ca. ¾ Std. Wasserfallrundgang 4,5 km,
ca. 1½ Std. Schatzalp–Davos 3 km,
ca. 1 Std. mit 320 m Abstieg

Tourencharakter/Schwierigkeit Leichte
Winterwanderungen; braune Wegweiser. Je nach Verhältnissen ist von der
Strelaalp der Aufstieg zum Strelapass
(2350 m) möglich, ca. 2 Std.

Varianten Davos bietet über 97 km
gepfadete Winterwanderwege, u. a.
Davosersee–Bünda–Jakobshornbahnen
3,8 km, ca. 1 Std; Davos Frauenkirch–
Sertig Dörfli (1861 m)–Sertig Sand
8,5 km, ca. 2½ Std. (Rückweg mit Bus
möglich). Eine spezielle Winterwander-
karte ist in den Informationsbüros Dorf
und Platz erhältlich

Hinweise Bergbahn Davos–Schatzalp
Betriebszeiten von Dezember bis März
8 bis 10 Uhr alle 30 Min., 10 bis 18 Uhr
alle 15 Min., 18 bis 2 Uhr alle 30 Min.
Di und Do kostenlose Führung durch
das ehemalige Luxussanatorium. Infos:
Tel. 081 415 52 80 und www.schatzalp.ch.
Automatische Auskunft Davos/Pisten-
und Wetterbericht/Lawinenbulletin:

Tel. 081 415 21 33, Tel. 187 oder
www.slf.ch

Schlittelbahnen Schatzalp–Davos Platz
2,5 km, täglich von 10 bis 23 Uhr, jeden
Abend in den Kurven farbig beleuchtet;
Schatzalp–Davos Dorf 3,3 km, täglich
von 10 bis 18 Uhr; Rinerhorn 3,5 km,
Mi und Fr Nachtschlitteln, Info 081
401 12 52, www.rinerhorn.ch; Madrisa–
Saas 8,6 km, Info 081 410 21 70,
www.madrisa.ch; Parsenn–Klosters
3,5 km, Info 081 410 20 60, www.davos-
klosters.ch. Schlittenvermietung bei den
jeweiligen Bahnen

Verpflegung/Unterkunft Panorama-
restaurant und Hotel auf der Schatzalp;
Restaurant Strelaalp. Hotels und
Restaurants in Davos

Karten Landeskarte der Schweiz
1:25 000, Blatt 1197 «Davos»

Anreise/Rückreise Mit der Rhätischen
Bahn RhB über Landquart nach Davos

Internetlinks www.davos.ch www.da-
vosklosters.ch; www.parsenn.ch

Sieben Jahre in Davos

«Ein einfacher junger Mensch reise im Hochsommer von Hamburg, seiner Vaterstadt, nach Davos-Platz im Graubündischen. Er fuhr auf Besuch für drei Wochen.» So beginnt Thomas Manns Roman «Der Zauberberg». Hans Castorp, der Held der Geschichte, fuhr mit der Rhätischen Bahn hinauf, «der Zug wand sich gebogen auf schmalem Pass; man sah die vorderen Wagen, sah die Maschine, die in ihrer Mühe braune, grüne und schwarze Rauchmassen ausstiess …» Der junge Mann kam im Sommer an, musste jedoch bald erfahren, dass «kein Monat vergeht, ohne dass es schneit», wie ihn sein Vetter Joachim aufklärte. Aus drei Wochen wurden sieben Jahre, in denen Hans Castorp mehrmals den Davoser Winter geniessen konnte. Teilen wir seinen Genuss: Fahren wir mit der Rhätischen Bahn hinauf und tauchen ein in die Winterlandschaft der höchstgelegenen Ferienstadt Europas. Es muss ja nicht gleich für sieben Jahre sein – aber vielleicht zwei, drei Wochen …

Einst Sanatorium, heute Hotel

Parsenn, Jakobshorn, Pischa, Madrisa und Rinerhorn: Gleich fünf Schneesportgebiete warten auf aktive Winternaturen. Knapp 100 Kilometer markierte Winterwanderwege sind rund um Davos für stille Geniesser gepfadet. Schon Hans und Joachim trotteten «auf sanft ansteigendem Fahrweg bewaldeten Hängen entgegen, dorthin, wo auf niedrig vorspringendem Wiesenplateau, die Front südwestlich gewandt, ein langgestrecktes Gebäude mit Kuppelturm, das vor lauter Balkonlogen von weitem löchrig und porös wirkte wie ein Schwamm, soeben die ersten Lichter aufsteckte.»

Davos war zu Thomas Manns Zeiten ein beliebter Höhenkurort, und noch immer ist die gute Davoser Luft eine Reise wert. Das ehemalige Sanatorium auf der Schatzalp ist heute ein preisgekröntes Hotel, ein Prachtbau auf aussichtsreicher Sonnenterrasse, errichtet in den Jahren 1898 bis 1900. Grund genug, einmal mit der altehrwürdigen Schatzalpbahn hinaufzuzuckeln, die Davos Platz mit dem Jugendstilgebäude verbindet.

Schatzalp:
einst Sanatorium, heute Hotel

Schlittelbahn und Thomas-Mann-Weg

«Im Gänsemarsch gingen sie langsam hinauf, denn der geschaufelte Pfad gestattete nur ein einzelnes Gehen, liessen die letzten, an der Lehne zuhöchst gelegenen Villen hinter und unter sich und sahen im Steigen das vertraute Landschaftsbild in seiner Winterpracht sich wieder einmal perspektivisch ein wenig verschieben und öffnen: es weitete sich nach Nordost, gegen den Taleingang, der erwartete Blick auf den See tat sich auf, dessen umwaldetes Rund zugefroren und mit Schnee bedeckt war ...»

Hölzerne Wegweiser zeigen Winterwanderern die Richtung durch den Schnee. Auf dem Wasserfallrundgang geht's zu gefrorenen Bächen, auf dem Sonnenweg wandert man hinüber zur Strelaalp. Wenn die Verhältnisse günstig sind, liegt selbst der Anstieg auf den 2350 Meter hohen Strelapass drin.

Man geniesst beim Wandern die Aussicht und anschliessend im Bergrestaurant Strelaalp oder auf der Schatzalp einen dampfenden Kaffee, dazu einen leckeren Apfelstrudel oder eine Bündner Nusstorte. Schliesslich braucht man frische Kräfte. Die Schlittelbahn nach Davos Platz ist 2,5 Kilometer lang und bis um 23 Uhr abends in den Kurven beleuchtet. Noch etwas länger ist die Strecke nach Davos Dorf: auf 3,3 Kilometer saust man talwärts. Wer's gemächlicher mag, wandert durch den winterlich tief verschneiten Schatzalpwald hinunter – natürlich auf dem Thomas-Mann-Weg.

TIPP **«Eau-là-là»... Wellness und baden in Davos** Nach der Tour im Schnee lädt das Wellnessbad «eau-là-là» mit Bio-Sauna, Dampfbad, Kneippbecken oder Ruheraum zum Entspannen ein. Die Wasserwelten im Erdgeschoss locken mit Sprunganlage, grossem Kinderplanschbereich und einer 80-Meter-Black-Hole-Rutschbahn (www.eau-la-la.ch). Tempo versprechen auch die grösste Natureisbahn Europas, zwei Kunsteisbahnen sowie die Snowtubing-Bahn im Gebiet Pischa. Und wenn's draussen gar zu kalt ist: Nichts wie rein in die Davoser Museen. Im Wintersportmuseum betrachtet man Exponate aus den Anfängen des Wintersports (www.wintersportmuseum.ch); das Kirchner-Museum beherbergt die weltweit umfangreichste Sammlung von Ernst Ludwig Kirchner (www.kirchnermuseum.ch).

Winterwunderwelten von Clavadel bis Sertig

«Es hatte zu schneien aufgehört. Teilweise öffnete der Himmel sich; graublaue Wolken, die sich geschieden, liessen Sonnenblicke einfallen, die die Landschaft bläulich färbten. Dann wurde es völlig heiter. Klarer Frost herrschte, reine, gesicherte Winterspracht ...» Das sind Aussichten – bei Thomas Mann und im Hier und Jetzt. Das Winterwanderwegenetz von Davos lässt keine Wünsche offen. Von der Ischalp, Mittelstation der Jakobshornbahn, führt ein aussichtsreicher Höhenweg hinüber zur Clavadeler Alp, und auf Jatzmeder, Bergstation der Rinerhornbahn, beginnt die sanfte Wanderung bergab nach Glaris.

Ein langer Weg führt ins Sertigtal, der auf dem Rückweg auch mit dem Postauto oder der Pferdekutsche zurückgelegt werden kann. Auf den Spuren von Ernst Ludwig Kirchner wandert man zur Stafelalp, und zahlreiche Schneeschuhtouren locken in die romantischen Seitentäler von Dischma, Flüela und Sertig.

Wer möchte sich nicht betören lassen von der weissen Landschaft der Zauberberge, von Thomas Mann so schön beschrieben? «Die Welt, die enge, hohe und abgeschiedene Welt Derer hier oben, erschien nun dick bepelzt und gepolstert, es war kein Pfeiler und Pfahl, der nicht eine weisse Haube trug, die Treppenstufen zum Berghofportal verschwanden, verwandelten sich in eine schiefe Ebene, schwere, humoristisch geformte Kissen lasteten überall auf den Zweigen der Kiefern, da und dort rutschte die Masse ab, zerstäubte und zog als Wolke und weisser Nebel zwischen den Stämmen dahin. Verschneit lag rings das Gebirge ...»

Auf höchstem Niveau

**Grandioses Panoramawandern im Schanfigg:
Vom Weisshorn nach Arosa**

Vom Weisshorn nach Arosa

⊘ 3 ½ h
〓 8 km
▲ 853 m

Route Weisshorngipfel (2653 m)–Sattel-
hütte (2401 m)–Scheidegg (2106 m)–
Rot Tritt (2006 m)–Prätschli (1909 m)–
Arosa (1800 m)

Wanderzeit 3 ½ Std. mit 853 m Abstieg

Tourencharakter/Schwierigkeit Aussichtsreiche Wanderung bergabwärts
vom Gipfel des Weisshorns nach Arosa.
Gutes Schuhwerk erforderlich. Durchge-
hend pink markierter Winterwanderweg. Die Route kann auch in diversen
Varianten im Aufstieg gewandert werden

Varianten Wie oben, ohne Abstecher
nach Rot Tritt 1 ½ Std. Weisshorngipfel–
Sattelhütte–LAW Mittelstation 1 Std.
Hörnlihütte (2512 m)–Alpenblick
(1951 m) 1 Std. Ab Langwies (1317 m):
bis Sapün/Rest. Heimeli (1831 m) 2 Std.,
bis Fondei/Rest. Casana (2000 m) 2 Std.,
bis Pirigen (1773 m) 1 ½ Std.
60 km Winterwanderwege und 30 km
beschilderte Nordic-Walking-Trails

Hinweise Luftseilbahn Arosa–Weisshorn
Betriebszeiten täglich von 8.20 bis
16.20 Uhr. Letzte Talfahrt ab Weisshorngipfel 16.50 Uhr, ab Mittelstation
17 Uhr. Einzelbillette erhältlich; Wan-
derpässe (3–20 Tage) berechtigen zu
beliebigen Fahrten auf folgenden Anlagen: Arosa–Weisshorn, Hörnli-Express,
Sesselbahn Brüggerhorn, Sesselbahn
Innerarosa–Tschuggen (nur Bergfahrt)
und Rhätische Bahn auf der Strecke
Langwies–Arosa. Automatisches Info-
Telefon (Wetter, Schneelage usw.):
081 378 70 22, www.wetter-arosa.ch

Schlittelwege Tschuggenhütte–Tschug-
gentor 0,6 km, Prätschli–Scheiten-
böden–Obersee 1 km, beleuchtet,
Arosa–Untersee–Litzirüti 2,8 km. Die
Wanderungen ab Langwies (siehe
Varianten) sind retour als Schlittel-
strecke möglich, Länge jeweils 5 km

Verpflegung/Unterkunft Restaurant
Weisshorngipfel; Berghaus Sattelhütte;
Brüggerstuba; Carmennahütte; Tschug-
genhütte; Hotels und Restaurants in
Arosa

Karten Landeskarte der Schweiz
1:25000, Blatt 1196 «Arosa»

Anreise/Rückreise Ab Chur mit der
Rhätischen Bahn RhB nach Arosa.
Der Arosa-Bus im Dorf ist kostenlos

Internetlinks www.arosa.ch
www.arosabergbahnen.com
www.langwies.ch; www.schneesicher.ch

Brücken, Tunnels und ein luftiger Viadukt

«Und nun bin ich hier, in Arosa, seit
mehr als zehn Jahren zum ersten Mal
wieder in den Bergen. Statt der Gross-
stadt Schnee, statt der ‹Kultur› Tannen-
wälder und Föhnstürme, statt Berlin
Graubünden.» Hermann Hesse schreibt
in «Winterferien» über seine Ankunft in
Arosa und über seine Liebe zu den Bündner Bergen.

Das können wir verstehen. Schon die Anreise ist ein Erlebnis. Von Chur,
der ältesten Stadt der Schweiz, bis nach Arosa überwindet die Arosa-
Bahn 1200 Höhenmeter. Der Zug fährt über Brücken und durch Tunnels, schlängelt sich durch das Schanfigg, ein urtümliches, tiefes Berg-
tal mit sonnigen Terrassen. Kurz vor Arosa dann der Langwieser
Viadukt: 287 Meter lang, 62 Meter hoch. Durchschnaufen. Das ist die
richtige Einstimmung für noch folgende Hochgefühle.

«Draussen schneite es, schneite Tag und Nacht, die Arven bogen sich
unterm Schnee, und als der Kulturkater überstanden war, merkte ich
eines Morgens, dass die Natur, die mich hier oben so kühl und gelassen
empfangen hatte, nur auf ein wenig Werbung und Liebe wartete, um
mir wieder wie vor Zeiten ihre vielen geheimnisvollen Gesichter zu zeigen.»

Das Entdecken wird einem in Arosa leicht gemacht: Das Dorf im hinter-
sten Schanfigg, auf 1800 Metern über Meer, bietet eines der am besten
präparierten Winterwanderwegenetze in den Alpen. Also nichts wie hinauf zum Weisshorn, dem «Top of Arosa». Vom Gipfel bis hinab ins Tal ist
es eine sensationelle Schautour.

Die höchstgelegenen Liegestühle von Arosa

«Liegestühle 1 Tag Fr. 22.–, 1 Std. Fr. 10.–» Die höchstgelegenen Liegestühle von Arosa sind nicht billig, aber an Schönwettertagen sehr be-
gehrt. Dieser beliebte und bequem mit der Luftseilbahn erreichbare
Bündner Aussichtsberg bietet aber auch ein Panorama: Man blickt hinab
in den Talkessel von Arosa und bis weit in das Churer Rheintal, hinüber
ins Gebiet von Lenzerheide und ins Silvrettamassiv. Ganz nah sind die
Hausberge Arosas, von denen zwar keiner die 3000er-Marke knackt, die

aber einen grandiosen Talschluss bilden: Chüpfenflue, Mederger Flue, Tiejer Flue, um nur einige zu nennen.

Gleich zu Beginn des Weges geht es steil hinab zur Sattelhütte. Stabiles Schuhwerk ist auf dieser Winterwanderung Grundvoraussetzung, auch Teleskopstöcke sind von Vorteil.

Die Sattelhütte bietet Gelegenheit zur Einkehr. Nicht nur Skifahrer und Snowboarder sitzen auf der sonnigen Terrasse mit Aussenbar, viele Gäste sind auch zu Fuss hier. Dank dem Halt an der Mittelstation ermöglicht die Weisshornbahn viele Varianten. Die Wege führen mitten durchs Schneesportgebiet, halten aber trotzdem sicheren Abstand zu den Pisten. So können auch Winterwanderer in den zahlreichen Berggasthäusern und -hütten einkehren oder sich mit ihren skifahrenden Familienmitgliedern und Freunden treffen.

Von der Sattelhütte lohnt der kurze Abstecher aufs Brüggerhorn, dann zieht der bestens präparierte Weg über Scheidegg zum Rot Tritt. Auch beim Abstieg bleiben die Aussichten grandios, sogar windgeschützte Ruhebänke gibt es – diese sind wie die Wegmarkierungen natürlich pink lackiert. Ab Prätschli lässt sich die Winterwanderung verkürzen, der Ortsbus fährt hinab nach Arosa.

Mehr Zeit haben ...

Die spektakuläre Wanderung macht Lust auf mehr! Man könnte mit dem Hörnli-Express hinauf aufs 2512 Meter hohe Hörnli schweben und hin-

TIPP Lachen ist gesund ... mindestens ebenso wie die gute Graubündner Luft. Deshalb findet alljährlich im Dezember das «Arosa Humor-Festival» statt (www. humorfestival.ch). 80 km präparierte Winterwanderwege und beleuchtete Schlittelbahnen locken nach Lenzerheide (www.lenzerheide.ch), und die längste Rodelbahn der Welt bei Churwalden ist auch im Winter in Betrieb. Mit 31 Kurven und einer Höhendifferenz von 480 m windet sich die Rodelbahn von der Alp Pradaschier auf über 3100 m Länge zu Tal (www.pradaschier.ch). 136 km Winterwanderwege und 33 km Schlittelpisten warten in der Ferienregion Unterengadin/Scuol auf Entdeckernaturen, da braucht es spätestens am Abend Entspannung im Römisch-Irischen Bad (www.scuol.ch).

abwandern zum Bergrestaurant Alpenblick oder von der LAW-Mittelstation hinüberwandern zur Carmennahütte auf 2134 Meter über Meer. «Ich sitze in der Mittagsstunde oben bei einer der Hütten am Tschuggen, packe mit Appetit mein Brot und Obst aus dem Rucksack, esse, strecke die Glieder, lege mich auf eine trockene Holzbank, fühle die heftige Sonne auf meinem schon rot gebrannten Gesicht glühen …» Hermann Hesse bevorzugte den Tschuggen – und natürlich führt auch zur Tschuggenhütte ein präparierter Weg. Beim Abstieg nach Innerarosa kommt man vorbei am 1492 erbauten Aroser Bergkirchli, einem beliebten Fotosujet.

Einsam und abseits der Skipisten verlaufen die stillen Wanderungen ab Langwies: ins Sapün zum Bergrestaurant Heimeli, ins Fondei zum Skihaus Casanna oder hinauf zum Skihaus Pirigen. Alle drei Wanderungen beinhalten zwar einen ordentlichen Anstieg, wer den Schlitten mitnimmt, ist jedoch auf dem Rückweg um einiges schneller und spürt dabei noch den frischen Pulverschnee im Gesicht.

Einfach mehr Zeit sollte man haben. In Ermangelung dieses Guts kommt selbst Hermann Hesse auf die verrücktesten Ideen: «In zwei Wochen muss ich eigentlich wieder fort […] Aber wenn ich manchmal so im Schnee taumle und mich von einem Fall aufrichte, wünsche ich mir zuweilen, es möchte mir doch am letzten Tage vor der Abreise ein kleiner Unfall begegnen, nur so ein kleiner Ski-Unfall, der einen nicht umbringt und der doch genügen würde, um meine Ferien in Arosa um einige Zeit zu verlängern.»

Bahn frei!

Schlittel-Klassiker entlang der Rhätischen Bahn:
Auf der Albulapassstrasse von Preda nach Bergün

Auf der Albulapassstrasse von Preda nach Bergün

🕐 individuell

╙╨╜ 6 km / 4 km

▲▲ 416 m / 600 m

Schlittelrouten Preda (1789 m)–Bergün (1373 m), Länge 6 km, Höhendifferenz 416 m. Darlux/La Diala (1974 m)–Bergün (1373 m), Länge 4 km, Höhendifferenz 600 m

Schwierigkeit Die Strecke Preda–Bergün auf der im Winter für den Verkehr gesperrten Albulapassstrasse ist geeignet für Geniesser, Familien und Plauschfahrer. Steiler ist die Strecke Darlux–Bergün, die auf einem schmalen Alpsträsschen hinunter nach Bergün führt. Sie richtet sich mehr an sportliche Fahrer

Varianten Winterwanderwege, u.a. La Diala–Snowhill Bergrestaurant La Diala 2 ½ Std., Preda–Palpuogna–Preda 1 Std., Filisur–Bellaluna–Filisur 1 Std., Bergün–Latsch–Panoramaweg–Stuls–Bergün 3 Std. Markierter Schneeschuhtrail von der Alp Darlux auf den Piz Darlux (2642 m), Rot, WT2

Hinweise Die Schlittelbahnen sind in der Regel von Mitte Dezember bis Mitte März geöffnet; Preda–Bergün: Mo 10.10 bis 16.45 Uhr, Di bis So von 10.10 bis 16.45 und 18.45 bis 23.30 Uhr. Nachts bis 23.30 Uhr beleuchtet. Die Schlittelzüge verkehren während der Wintersaison alle 30 Min. zwischen Bergün und Preda. Darlux–Bergün: täglich von 9 bis 16.30 Uhr. Einzelfahrten, Kombitickets

und Tageskarten für beide Bahnen. Automatischer Auskunftsdienst: Tel. 081 407 14 14

Schlittenmiete In Bergün bei Club 99 (50 m unterhalb Bahnhof Bergün) und bei Mark Sport (Ortszentrum); in Preda bei Club 99 (100 m oberhalb Bahnhof Preda). Diverse Modelle, ab Fr. 8.– pro Tag. Schlittenmiete auch an allen grösseren RhB-Bahnhöfen

Verpflegung/Unterkunft Hotel Preda Kulm in Preda; Bergrestaurant La Diala; Hotels und Restaurants in Bergün

Karten Landeskarte der Schweiz 1:25 000, Blätter 1216 «Filisur», 1236 «Savognin», 1237 «Albulapass»

Anreise/Rückreise Mit der SBB bis Chur. Weiter mit der Rhätischen Bahn RhB auf der Albulalinie nach Bergün

Internetlinks www.berguen.ch www.filisur.ch; www.rhb.ch www.rhb-unesco.ch

Prickeln im Gesicht

Schlittenmiete:
für jeden das richtige Modell

«Nie habe ich eine schönere Schlitten-
partie gemacht. Die Fahrt auf dem gut
gebahnten, genügend steilen Weg ging
rasch und flott, ohne übermässig anzu-
strengen, und ich fuhr, auf dem niederen
Schlitten zurückgelehnt, beinahe flach
auf dem Rücken liegend, durch Wald
und an schönen weiten Ausblicken vorbei, das Auge bald auf den Weg
gerichtet, bald im hohen reinen Himmel ruhend, während feine, vom
Schlitten aufgerissene Schneestaubwolken mir kalt und prickelnd übers
Gesicht stoben.» So beschreibt Hermann Hesse in «Wintertage in Graubünden» die Reize einer rasanten Schlittenfahrt. Wer es ihm gleichtun
möchte, fährt ins Albulatal: Hier verwandelt sich die im Winter gesperrte
Albulapassstrasse in eine Schlittelbahn. Schlitteln zwischen Preda und
Bergün – das ist ein absoluter Klassiker.

Auf die schiefe Bahn

«Den Weg, den man in etwa anderthalb Stunden bergauf gestiegen ist,
legt man rückwärts auf dem Schlitten in knapp zehn Minuten zurück.
Im Dahinfahren durch den weissen Bergwinter, tausend Meter über dem
gewohnten Leben, vergisst man alles, was des Vergessens wert ist, und
reitet sausend talab, aus dem Gipfelglanz und der Sonnenwärme der
Höhe in die strenge Kühle des totenstillen Bergtales hinunter.» Zeitrau-
bende Anstiege, wie bei Hermann Hesse, entfallen im Albulatal. Die Rhätische Bahn ist der Zubringer zum Schlittelplausch.
Reges Treiben herrscht denn auch am Bahnhof von Bergün. Die Fahr-
gäste sind beinahe ausnahmslos mit Schlitten ausgestattet. Einsteigen
und die Nasen an den Scheiben plattdrücken – auf welch fantastischer
Bahnstrecke werden die Reisenden hier durch die winterliche Bergwelt
kutschiert! Aus dem wohlig-warmen Zugabteil blickt man hinaus in die
eiskalte Winterwunderwelt, verschneite Wälder und dunkle Täler ziehen
vorbei.
Waren es zu Beginn des 20. Jahrhunderts noch Dampfloks, die schnau-
fend den Berg hinaufkeuchten, befördern heute moderne E-Loks die
Passagiere in 17 Minuten von Bergün nach Preda. Die Streckenführung

Rote Bahn und fröhliche Gesichter:
Schlitten im UNESCO-Weltkulturerbe

ist jedoch dieselbe geblieben und gilt auch heute noch als ein Meisterwerk des Bahnbaus. Um die Steigungen, Täler und Schluchten zu überwinden, mussten die Ingenieure tief in die bahntechnische Trickkiste greifen: Eine Reihe von Tunnels, Brücken und Haarnadelkurven säumen den Weg.

UNESCO-Welterbe: Kulturlandschaft Albula/Bernina

Die Albulalinie ist eine der kühnsten Bahnlinien in den Alpen, bekannt gemacht hat sie die Strecke zwischen Bergün und Preda. Auf einer Streckenlänge von 12,6 Kilometern bewältigt sie eine Höhendifferenz von 416 Metern. Durch fünf Kehrtunnels schraubt sich der rote Zug empor, gewinnt in zwei gewöhnlichen Tunnels an Höhe, überwindet neun Viadukte und rollt durch zwei Galerien, ehe er die Station Preda auf 1788 Meter über Meer erreicht. Über 5000 Arbeiter waren zwischen 1898 und 1903 beschäftigt, um unter schwersten Bedingungen die Albulastrecke zu erstellen.

Die Rhätische Bahn und die Kulturlandschaft Albula/Bernina wurden im Sommer 2008 in die Welterbeliste der UNESCO aufgenommen. In der wärmeren Jahreszeit wandert man auf der Strecke zwischen Preda und Bergün auf dem bahnhistorischen Lehrpfad, einem Themenweg, der hautnah an den Kunstbauten der Rhätischen Bahn vorbeiführt. Schautafeln erläutern an markanten Punkten den Bau und Streckenverlauf der Bahnlinie.

TIPP Eisige «Skateline» und heisses Thermalbad Die «Skateline Albula» ist eine ca. 3 km lange Eisbahn, die auf einem Wanderweg angelegt ist. Mit Shuttlebus oder Postauto gelangt man von Surava nach Alvaneu-Bad, von wo man auf Schlittschuhen entlang der Albula zurück nach Surava saust. Die Saison dauert ab Mitte Dezember bis ca. Ende Februar (www.skateline.ch). Wieder aufwärmen kann man sich im Bad Alvaneu mit Saunalandschaft und Thermalbad (www.bad-alvaneu.ch). Kopf und Körper kommen ins Gleichgewicht, wenn man lesend auf dem Philosophenweg auf Muottas Muragl wandelt. Ein starkes Erlebnis ist auch der 16 km lange gespurte Seenweg von St. Moritz nach Maloja. Auf www.engadin.stmoritz.ch sind weitere Tipps zu finden. Savognin ist mit sechs markierten Trails das Bündner Schneeschuhparadies (www.savognin.ch).

Kufen statt Schienen

Preda. Alles aussteigen. Die Strecke, die man bergan auf Schienen zurücklegte, wird nun unter die Kufen genommen. Nicht nur die Rhätische Bahn hat sich im Laufe der Jahre weiterentwickelt, sondern auch der Schlittenbau. Die klassischen «Davoser» oder «Grindelwaldner» sind out, in Bergün mietet man sich heute moderne, leicht lenkbare Sportschlitten. Auf der Suche nach der Ideallinie geht es zügig durch die Kurven und auf den geraden Teilstücken macht das Hightechgerät ordentlich Tempo. Ein besonderes Highlight ist eine Nachtschlittelfahrt, ist doch die sechs Kilometer lange Bahn bis 23.30 Uhr beleuchtet.

Wer es noch schneller mag, wagt eine Fahrt auf der steilen Schlittelbahn Darlux. Mit der Sesselbahn schwebt man hinauf zur Alp Darlux. Dort wartet aber nicht nur die Schlittenabfahrt, sondern eine Menge weiterer Genüsse: eine herrliche Aussicht, ein Schneeschuhtrail auf den Gipfel des Piz Darlux – oder die Terrasse des Berggasthauses La Diala mit strahlender Graubündner Wintersonne. «Denn es gibt in der weiten Welt nichts Wunderbareres, Edleres und Schöneres als die Hochgebirgssonne im Winter», wie Hesse schreibt. «Von Schnee und Eis und Stein zurückgeworfen, spielt Licht und Wärme schwelgerisch in den unbeschreiblich durchsichtigen winterklaren Lüften – ein Licht und ein Strahlen feiner, zarter, trockener Wärme, von dem das Tiefland auch an den glänzendsten Tagen keine Ahnung hat.»

Wo der Süden nicht weit ist

Region Gotthard-Oberalp:
Von Andermatt auf den Nätschen
und nach Realp

Von Andermatt auf den Nätschen und nach Realp

🕐 2½ h / 2½ h
〰 9 km / 8 km
▲▲ 800 m / –

_1 km_

Routen Andermatt (1444 m)–Nätschen (1843 m) – auf selbem Weg zurück Andermatt (1444 m)–Hospental (1453 m) – Realp (1538 m)

Wanderzeiten Andermatt–Nätschen 2½ Std. mit jeweils 400 m Auf- und Abstieg (Aufstieg 4,5 km, 1½ Std., Abstieg 4,5 km, 1 Std.). Andermatt–Realp 8 km, 2½ Std.

Tourencharakter/Schwierigkeit Leichte Winterwanderungen von Andermatt nach Realp (Talroute) und auf den Nätschen.

Varianten **Winterwanderwege:** Andermatt–Marcht–Andermatt 4,5 km, 1 Std; Wanderweg «Stöckli» auf Gütsch (2344 m) 2,5 km, ¾ Std.; Realp–Tiefenbach (2110 m) 8 km, 3 Std.
Schneeschuhtrails: Gütsch–Lutersee (2358 m) 5,7 km, 4 Std., Rot, WT2; Hospental–Lückli 5,5 km, 3 Std., Rot, WT2; Realp–Furka 2,6 km, 2 Std., Blau, WT1

Hinweise Sesselbahn Andermatt–Nätschen–Gütsch Betriebzeiten täglich von 9 bis 16.15 Uhr, Tel. 041 887 03 66. Automatischer Schnee- und Wetterbericht Andermatt: Tel. 041 887 01 81. Zwischen Realp, Hospental, Andermatt und Nätschen verkehrt die Matterhorn-Gotthard-Bahn, so dass man Teilstücke mit der Bahn zurücklegen kann (www.mgbahn.ch)

Schlittelbahn Andermatt–Nätschen 4,5 km. Sehr kinderfreundlich. Zubringer Sesselbahn Nätschen–Gütsch oder Matterhorn-Gotthard-Bahn (alle 30 Min.). Schlittenmiete bei der Talstation oder in Sportgeschäften in Andermatt. Tageskarte Erw. Fr. 20.–, Kinder 6–16 Jahre Fr. 15.–. ½-Tageskarte Erw. Fr. 15.–, Kinder Fr. 12.–. Abendschlitteln an bestimmten Daten von 17.30 bis 20 Uhr

Verpflegung/Unterkunft Bergrestaurant auf dem Nätschen. Hotels und Restaurants in Andermatt, Hospental, Zumdorf und Realp

Karten Landeskarte der Schweiz 1:25 000, Blätter 1231 «Urseren», 1232 «Oberalppass»

Anreise/Rückreise Nach Andermatt mit dem Postauto ab Wassen oder mit der Matterhorn-Gotthard-Bahn über Realp oder den Oberalppass

Internetlinks www.andermatt.ch www.gotthard-oberalp-arena.ch www.disentis-sedrun.ch; www.airolo.ch

Historische Wege am Gotthard

Wer durch das Urserntal wandert, be-
wegt sich auf historischen Pfaden. Hospental war bereits um 1200 ein wichti-
ger Ort am Saumpfad über den Gotthard.
Steinerner Zeuge ist der Turm der Her-
ren von Hospental aus dem Jahre 1226.
Er ist zwar längst nicht mehr bewohnt,
vom Hügel bietet sich jedoch eine schöne Aussicht über Dorf und Tal.
Selbst Johann Wolfgang von Goethe, der auf seiner Schweizer Reise im
Jahre 1779 von Münster im Goms über den Furkapass nach Realp wanderte, war voll des Lobes über das Urserntal: «Mir ist's unter allen Ge-
genden, die ich kenne, die liebste und interessanteste; es sei nun, dass
alte Erinnerungen sie wert machen, oder dass mir das Gefühl von so viel
zusammengeketteten Wundern der Natur ein heimliches und unnennba-
res Vergnügen erregt.» Er war ein vielgereister Mann, der Geheimrat
aus Weimar, und musste es wissen. Immerhin stiefelte er seinerzeit im
Winter über den Furka- und auf den Gotthardpass, eine beachtliche Leis-
tung. «In anderthalb Stunden waren wir in Hospental; ein Örtchen, das
noch im Urserntal am Weg auf den Gotthard liegt.»
Tun wir es ihm gleich auf der flachen Wanderung von Andermatt nach
Realp, im Winter ein stiller Genuss. Entlang der Reuss geht es bis zuhinterst ins Tal, wo in Realp die roten Wagen der Matterhorn-Gotthard-
Bahn im Berg verschwinden, der Furka-Basistunnel die Verbindung ins
Wallis erleichtert. Entlang der Furkapassstrasse kann man gar hinauf-
wandern zum Hotel Tiefenbach, das auch im Winter geöffnet hat. Mit
dem Schlitten saust man flott hinab und fährt mit der Matterhorn-Gotthard-Bahn in wenigen Minuten zurück nach Andermatt.

Wandern und Schlitteln am Nätschen

Auf den Nätschen führen ein Winterwanderweg, ein Sessellift sowie die
Matterhorn-Gotthard-Bahn, die sich auf ihrem Weg über den Oberalp-
pass in vielen Serpentinen hinaufwindet, so dass Bahnfahren, Winter-
wandern und Schlitteln munter miteinander kombiniert werden können.
Der Sessellift schwebt gar noch eine Etage höher bis auf den Gütsch,
Ausgangspunkt für den Panoramarundweg «Stöckli» und den markier-

ten Schneeschuhtrail zum Lutersee. Herrlich ist die Aussicht über das gesamte Urserntal, hinüber zum Gemsstock, dem Hausberg Andermatts, und bis in die Region Disentis-Sedrun. Gotthard-Oberalp-Arena nennt sich der Verbund der Wintersportorte von Sedrun über Andermatt bis fast ins Obergoms.

An der Talstation der Sesselbahn werden sportliche «Ghosky»-Schlitten verliehen. Mit geschickter Gewichtsverlagerung saust man auf der wenig steilen und sehr familienfreundlichen Schlittelpiste bis hinab nach Andermatt, während neben der Piste die roten Wagen der Matterhorn-Gotthard-Bahn für bunte Farbtupfer sorgen.

Von Uri nach Graubünden ...

Eine interessante Möglichkeit ist es, vom Nätschen mit der Matterhorn-Gotthard-Bahn über den Oberalppass zu fahren, wo man jenseits des Passes das Winterwanderwegenetz der Region Disentis-Sedrun erreicht. Bei guten Verhältnissen, d.h., wenn keine Lawinengefahr herrscht, kann man die Strecke auf den Oberalppass auch mit Schneeschuhen zurücklegen. Als Winterwanderweg ist sie leider nicht gespurt. Über Tschamut erreicht man Sedrun und wandert auf der bekannten «Senda Sursilvana» weiter nach Disentis.

«Von Uri nach Graubünden» könnte man diese winterliche Weitwanderung nennen, die man, je nach Einbezug der Matterhorn-Gotthard-Bahn, in 1–3 Tagen zurücklegen kann.

TIPP «Beinvegni» ... heisst es in der Ferienregion Disentis-Sedrun, dort, wo der Rhein entspringt. In einem Eldorado für Winterwanderungen und Schneeschuhtouren. Man wandert von Tschamut nach Rueras, von Disentis am Rheinufer entlang nach Disla oder von Sedrun zum Dörfchen Mompé Tujetsch mit schöner Sicht auf Disentis mit seinem eindrucksvollen Kloster (alle ca. 2 Std.). Schneeschuhtouren führen u.a. von Sedrun nach Acla da Fontauna (3 ½ Std.) und hoch hinaus geht's mit der Luftseilbahn Disentis auf den markierten Schneeschuhweg Gendusas (2 Std.). Weitere Tourentipps auf www.disentis-sedrun und www.sedrunbergbahnen.ch. Nach kalten Abenteuern im Schnee geht's zur Entspannung ins Wellness- und Erlebnisbad Bogn Sedrun (www.bognsedrun.ch).

... und ins Tessin

Der Gotthard ist zwar nicht, wie man lange geglaubt hatte, der höchste Berg Europas, «doch behauptet er den Rang eines königlichen Gebirges über alle andere, weil die grössten Gebirgsketten bei ihm zusammenlaufen und sich an ihn lehnen». Im Gotthardgebiet beginnen die Flüsse Rhein, Rhone, Reuss und Ticino ihren Lauf, treffen schweizerische Sprach- und Kulturbereiche aufeinander.

Wer genügend Zeit hat oder seine Ferien in Andermatt verbringt, kann das Dorf am Gotthard als perfekten Ausgangspunkt für einen Abstecher ins Tessin nehmen. Durch den Gotthardtunnel gelangt man schnell nach Airolo, wo sich direkt neben der Autobahnausfahrt die Luftseilbahn Airolo–Pesciüm–Sasso della Boggia befindet. Die Mittelstation Pesciüm eignet sich herrlich zum Winterwandern, mit Aussichten auf das Valle Leventina und ins Bedrettotal. Dieses ist als besonders schneereich bekannt. Im Winter bewartete Hütten, wie die Capanna Piansecco oder die Capanna Cristallina, machen das Tal vor allem für erfahrene Schneeschuhwanderer und Skitourengänger interessant.

Erlebnis Säntis

Winter in Appenzell: Von der Schwägalp zum Kronberg
und auf dem Robert-Walser-Pfad rund um Herisau

Von der Schwägalp zum Kronberg und auf dem Robert-Walser-Pfad rund um Herisau

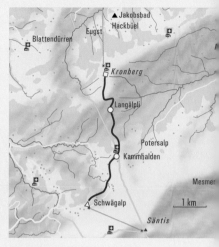

🕓 4½h / 2½h

⌞⌟ ca. 14 km / 7 km

▲▲ 1340 m / -

Routen Schwägalp (1352 m) – Kammhalden (1396 m) – Langälpli (1365 m) – Kronberg (1662 m) – Jakobsbad (869 m) oder Gonten (902 m). Diverse Rundwanderungen ab Schwägalp. Robert-Walser-Pfad in Herisau

Wanderzeit Schwägalp – Kronberg – Jakobsbad bzw. Gonten ca. 14 km, 4 – 5 Std., mit 450 m Aufstieg und 890 m Abstieg (mit Seilbahnfahrt 760 m weniger). Themenwege ab Schwägalp ½ bis 1½ Std., Laternliweg 3,5 km, ca. ¾ Std. Robert-Walser-Pfad in Herisau 2½ bis 3 Std.

Tourencharakter/Schwierigkeit Einfache Winterwanderungen und Schneeschuhtouren rund um die Schwägalp und zum Kronberg, von dort Abstieg über Scheidegg oder mit der Seilbahn nach Jakobsbad. Laternliweg mit Holzwegweisern, Robert-Walser-Pfad mit grünen Wegweisern ausgeschildert

Varianten Winterwandern: Jakobsbad – Gonten – Jakobsbad ca. 8 km, 2 Std.; Schönengrund – Hochhamm (Berggasthaus) ca. 2 km, ¾ Std. (Schlitteln möglich). Schneeschuhmiete im Berghotel Schwägalp

Hinweise Die Säntis-Schwebebahn ist das ganze Jahr in Betrieb. Fahrzeiten im Winter Mo bis Fr 8.30 bis 17 Uhr, Sa und So 8 bis 17 Uhr. Fahrten alle 30 Min. (www.saentisbahn.ch). Automatischer

Wetterbericht Schwägalp/Säntis: Tel. 071 365 66 66

Nordic Walking und Schlitteln Markierte Trails rund um die Schwägalp. Schlittelmöglichkeit beim Skilift Schwägalp (Schlittenmiete im Berghotel. ½ Tag Fr. 5.–, ganzer Tag Fr. 10.–)

Verpflegung/Unterkunft Restaurants auf dem Säntisgipfel; Berghotel Schwägalp; Gasthaus Passhöhe; Berggasthaus auf dem Kronberg, an schönen Wochenenden auf der Scheidegg

Karten Landeskarten der Schweiz 1:25 000, Blätter 1094 «Degersheim», 1095 «Gais», 1114 «Nesslau» und 1115 «Säntis».

Anreise/Rückreise Mit dem Zug von Herisau nach Urnäsch, weiter mit dem Postauto auf die Schwägalp. Mit dem Zug von Jakobsbad über Gonten nach Herisau.

Internetlinks www.appenzell.ch www.naturerlebnispark.ch www.kronberg.ch; www.herisau.ch

Der Säntis – ein Wetterberg

Der Säntis ist mit einer Höhe von 2502 Metern über Meer der höchste Berg in der Ostschweiz. Drei Kantone treffen auf ihm zusammen: Appenzell Ausserrhoden, Appenzell Innerrhoden und St. Gallen. Seine exponierte, nördlich vom Alpenhauptkamm vorgelagerte Lage macht ihn schon von weither sichtbar. Vom Elsass, vom Schwarzwald und natürlich vom Bodensee bieten sich herrliche Säntisblicke. Andersherum kann man vom Säntisgipfel in sechs verschiedene Länder sehen: Schweiz, Liechtenstein, Österreich, Deutschland, Frankreich und Italien.

Wer einst als erstes auf dem Säntis stand, ist nicht genau überliefert. Angeblich sollen um 1680 zwei Geistliche und ein Naturforscher zwecks wissenschaftlicher Untersuchungen den Gipfel bestiegen haben. Der Säntis ist nämlich ein Wetterberg. Seine exponierte Lage sorgt für extreme Bedingungen, und so wurde schon im Jahre 1882 auf dem Gipfel eine Wetterstation eingerichtet.

Bereits 1846 diente eine einfache Bretterbude als Berggasthaus; seit 1935 ist der Säntis von der Schwägalp aus mit einer Luftseilbahn erschlossen. Heute ist der Gipfel zugepflastert mit grosszügigem Restaurant, Aussichtsterrassen und einer Gipfelplattform, die vom markanten, 123 Meter hohen Rundfunk- und Fernsehturm gekrönt wird. Unter der modernen Seilbahnstation duckt sich das altehrwürdige, im Winter geschlossene Säntis-Berggasthaus in die Felsen des Ostgrates. Wer an einem kalten und klaren Wintertag auf dem Säntisgipfel steht, die klammen Finger am Auslöser der Kamera, dem bietet sich ein sensationelles 360-Grad-Panorama. Grund genug, einmal hinaufzuschweben, denn die Säntisbahn fährt auch im Winter.

Winterwandern im Naturerlebnispark

Auf den Säntis führen im Sommer Wanderrouten unterschiedlicher Schwierigkeitsgrade, im Winter ist er ein reiner Aussichtsberg. Winterwandern kann man jedoch auf der Schwägalp, fünf Themenwege bietet der Naturerlebnispark Säntis. Die Wege, die miteinander verbunden sind und beliebig kombiniert werden können, behandeln Themen wie Mensch

und Umwelt, Moor, Alpwirtschaft, Wald und Geologie. Romantiker kommen von Mitte November bis Mitte März, immer am Freitag- und Samstagabend, auf ihre Kosten: Nach dem Eindunkeln wird der Laternliweg, eine einfache, rund drei Kilometer lange Rundwanderung, mit schummrigen Petroleumlaternen beleuchtet. Holzwegweiser zeigen Wanderern den Weg rund um den nahen Wald, nach viel frischer Luft geniesst man anschliessend im Berghaus Schwägalp das Fondue und den Glühwein.

Die Route von der Schwägalp hinüber zum Kronberg holt etwas weiter aus. Als Winterwanderung und auch mit Schneeschuhen ist es ein Erlebnis, über das Langälpli die sonnigen Hänge des Kronbergs zu erklimmen. Man folgt mehr oder weniger dem Wanderweg, meist weisen Spuren den richtigen Weg. Wem die gesamte Strecke bis Gonten zu lange ist, der kann mit der Seilbahn hinabschweben nach Jakobsbad. Dann bleibt noch genügend Zeit für einen Bummel durchs Dorf Appenzell mit seinen bunt bemalten Häusern.

Auf Robert Walsers Spuren in Herisau

Robert Walser war ein leidenschaftlicher und ausdauernder Spaziergänger, auch und gerade im Winter. Der gebürtige Bieler verbrachte die letzten 23 Jahre seines Lebens in der Psychiatrischen Heil- und Pflegeanstalt in Herisau. Gemeinsam mit dem Zürcher Schriftsteller Carl Seelig durchwanderte Walser das Appenzellerland. Bei jedem Wetter, zu

TIPP Wild in Wildhaus, sagenhaft im Toggenburg Die Ostschweiz bietet unzählige Winterwanderwege, Schneeschuhtrails und Schlittelbahnen, z.B. locken in Wildhaus auf den Schlittelpisten Oberdorf und Gamplüt wilde Fahrten (www.wildhausbahnen.ch); mit 19 Schneeschuhtrails (6 ausgeschilderte Trails für Einsteiger und 13 Routen für Fortgeschrittene) wartet das Toggenburg auf, und die Kleinsten haben Freude an dem auch im Winter begehbaren Sagenweg am Fusse der Churfirsten (www.toggenburg.org). 24 km markierte und gepfadete Winterwanderwege und eine 3 km lange Schlittelpiste bietet der Flumserberg, geführte Schneeschuhtouren gehen bis zur Spitzmeilenhütte des SAC (www.flumserberg.ch). 7 km Schlittelabfahrt und ein markierter Schneeschuhtrail locken auf den Kerenzerberg (www.kerenzerberg.ch).

jeder Jahreszeit. Carl Seelig zeichnete diese Wanderungen auf, sein Buch «Wanderungen mit Robert Walser» ist eine literarische Fundgrube. Das gilt auch für viele von Walsers Geschichten, die von Fussreisen handeln, vom Spazierengehen, vom Wandern.

Zu Ehren Walsers schuf der Schriftsteller Peter Morger im Jahre 1986 mit dem Robert-Walser-Pfad den ersten Schweizer Literaturweg. Wer am Walserbrunnen oder am Psychiatrischen Zentrum (beide mit Ortsbus erreichbar) losmarschiert, ist unterwegs auf Spuren des wandernden Literaten. Der Pfad führt hinauf zum Roserwald und weiter zur Wachtenegg, wo Robert Walser am Weihnachtstag 1956 auf einem einsamen Winterspaziergang starb. Tafeln mit Zitaten aus Walsers Werken säumen den Weg. Dazu bieten sich Aussichten aufs Dorf Herisau und am Horizont zu Alpstein und Säntis. Weiter geht's hinab zum Friedhof, zum Grab Robert Walsers, bis zum Museum Herisau. Die leichte Wanderung ist mit grünen Wegweisern markiert, dauert ca. drei Stunden und ist ganzjährig begehbar. Schön ist's im Winter, wenn sich die Landschaft nach frischem Schneefall so zeigt, wie einst von Robert Walser beschrieben: «Wälder, Städte, Berge und Ebenen sehen wie mit Mehl oder Zucker bestreut aus, Schlitten fliegen über die Felder, Glöckchen klingeln und das Ausatmen wird bei Menschen und Tieren zu etwas dampfend Sichtbarem».

Auf leisen Sohlen

**Auf der Sonnenterrasse von Engelberg:
Von Ristis über die Rigidalalp zur Brunnihütte**

Von Ristis über die Rigidalalp zur Brunnihütte

⊙ 2½ h
⊔⊔⊔ 5 km
▲▲ 538 m

Route Engelberg (100 m) – Seilbahn bis Ristis (1601 m) – Rigidalstafel/Rigidalalp (1748 m) – Brunnihütte (1860 m) – zurück auf selbem Weg, mit Sessellift oder auf Schlittelweg

Wanderzeit 2½ Std. mit jeweils 269 m Auf- und Abstieg.

Tourencharakter/Schwierigkeit Leichte Winterwanderung von der Bergstation Ristis zur Brunnihütte des SAC. Pink markierte Winterwanderwege

Varianten Rund 50 km **Winterwanderwege,** u. a. Bänklialp – Eienwäldli – Fürenalpbahn 1¼ Std.; Gerschnialp – Untertrübsee 1¾ Std.; Bergli – Ristis 3 Std.; Schwand – Ristis 3¼ Std.; Wasserfall – Fürenalpbahn 1¼ Std. Panoramaweg Fürenalp ⅓ Std.
Markierte Schneeschuhtrails: Gerschnialp – Untertrübsee 6,3 km, 2¼ Std., Blau, WT1; Untertrübsee – Obertrübsee – Trübsee 3 km, 1 Std., Blau, WT1

Hinweise Luftseilbahn Engelberg – Ristis Betriebszeiten täglich von 8 bis 17 Uhr. Sessellift Ristis – Brunnihütte bei günstigen Bedingungen täglich von 9 bis 16.15 Uhr. Schnee- und Wetterbericht Engelberg: Tel. 041 637 01 01.

Schlitteln Schlittelweg Brunni – Ristis 2,5 km, Schlittelpässe ab 10 Uhr, Schlittenverleih bei der Talstation Sessellift; Schlittelbahn Gerschnialp – Engelberg

3,5 km, geöffnet 10.30 bis 16.30 Uhr, Schlittenverleih bei der Bergstation (Nachtschlitteln jeden Fr und Sa von 19.30 bis 21.30 Uhr); Schlittelweg Fürenalp 1,2 km, in Kombination mit kurzem Winterwanderweg, ideal für Familien, Gratis-Schlittenverleih bei der Bergstation

Verpflegung/Unterkunft Brunnihütte SAC (bewartet von Januar bis Dezember), Tel. 041 637 37 32 (www.brunni-huette.ch), Bergrestaurant Ristis; Älplerbeizli Rigidalalp; Hotels und Restaurants in Engelberg. Tipp: Iglu-Dorf am Trübsee (www.iglu-dorf.com)

Karten Landeskarte der Schweiz 1:25000, Blatt 1191 «Engelberg»

Anreise/Rückreise Ab Luzern mit der Zentralbahn stündliche Verbindungen nach Engelberg. Mit der Luftseilbahn bis Ristis

Internetlinks www.engelberg.ch www.brunni.ch; www.ristis.ch www.titlis.ch

Wie im Himmel

Ein Netz von rund 50 Kilometer Winterwanderwegen durchzieht den Talboden
und die verschneite Winterlandschaft
rund um Engelberg. Daneben locken
Schneeschuhtrails und Schlittelbahnen
zum Ausflug ins winterliche Weiss. Titlis, Fürenalp und Brunni sind die drei
Gebiete, in denen Schneesportler auf ihre Kosten kommen. «It's hea-
ven», heisst es am Titlis. Bereits die Fahrt mit der drehbaren Titlis-Ro-
tair ist ein Erlebnis, und in der Gletschergrotte eröffnet sich Besuchern
eine neue Welt.

Zuhinterst im Engelbergertal ist die Fürenalp ein Geheimtipp für Nicht-
Skifahrer; die Sonnenterrasse von Brunni ist ein Schnee-, Wander- und
Kinderparadies. Schlitteln, Winterwandern, Schneeschuhlaufen warten
– nichts wie hinauf nach Ristis, wo beim Bergrestaurant die Tour zur
Brunnihütte beginnt. Die Route kann sowohl als klassische Winterwan-
derung wie auch mit den Schneeschuhen unternommen werden. Die
Brunnihütte ist selbst im Winter bewartet und der Rückweg kann gar
auf dem Schlitten zurückgelegt werden.

Sonnenterrasse Brunni

Der pink markierte Panoramaweg trägt seinen Namen zu Recht. Leicht
ansteigend führt er bergan, mit sensationellem Blick auf Hahnen, Gross
und Chly Spannort und natürlich auf den 3238 Meter hohen Titlis. Schon
nach einer halben Stunde verlockt das Älplerbeizli auf der Rigidalalp zur
Einkehr, offeriert einheimische Spezialitäten und verspricht einen wärmenden Älplerkaffee.

Der Weg macht eine Kehre, steigt auf den letzten Metern nochmals an.
Die Hütte der SAC-Sektion Engelberg wurde im Jahre 2005 umgebaut
und strahlt mit dem Engelberger Panorama um die Wette. Welch ein Erlebnis, nach einem langen Wintertag den Sonnenuntergang zu beobachten und den Abend in der gemütlichen Stube bei einem Fondue zu verbringen!

Bergab geht es am nächsten Tag entweder auf selbem Weg zu Fuss, mit
dem Sessellift oder auf dem Schlitten die 2,5 Kilometer lange, präpa-

Gruppenfeeling:
Powder in Engelberg

rierte Piste bis nach Ristis hinab. Eine Tageskarte sorgt für uneingeschränkten Schlittelplausch; wem die Strecke mit kleinen Kindern zu steil ist, der lässt seinen Nachwuchs im Yeti-Park auf Ristis austoben. Hinab nach Engelberg schwebt die Luftseilbahn. Jedoch sind ab Ristis auch zwei Routen als Winterwanderweg gepfadet. In 2 ½ Stunden wandert man entweder über Bergli oder über Schwand, auf halber Strecke mit Gelegenheit zur Restaurant-Einkehr, hinab ins Tal.

Sagen, Geschichten und ein Kloster

Die Geschichte von Engelberg ist eng mit dem Kloster verknüpft. Der Sage nach soll der Gründer des Klosters, der Adelige Konrad von Sellenbüren, über dem Hahnen Engelsstimmen gehört haben, die ihm zuflüsterten, auf der Ochsenmatte eine von Gott geweihte Stätte zu gründen. Nach dem Bau des Klosters im Jahre 1120 sollen der Abt und er über den Bergen gar einen Chor von Engeln gesehen haben. Aus dem Berg der Engel wurde Engelberg. Diese und weitere Geschichten erfährt man auf einem Klosterrundgang. Führungen erlauben einen Blick hinter die mächtigen Mauern, bieten einen Einblick in Kultur und Geschichte des Klosters.

Im 18. Jahrhundert kamen Naturforscher und die ersten Touristen ins Engelberger Tal. Berge wurden nun nicht mehr als schrecklich, sondern als schön angesehen. Der vergletscherte Titlis wurde bereits im Jahre

TIPP Aussichtsberge und Winterträume Ein Geheimtipp fürs Schneeschuhwandern ist die Region Bannalp (www.bannalp.ch), und auch auf Wirzweli sind vier Schneeschuhtrails markiert (www.wirzweli.ch). Die Rigi lockt zum Schneevergnügen über dem Nebelmeer: Auf 35 km präparierten Winterwanderwegen und einem beschilderten Schneeschuhtrail geniesst man frische Luft und die Aussicht auf den Alpenkranz. Hinauf geht's mit der Zahnradbahn ab Arth-Goldau und Vitznau oder mit der Luftseilbahn von Weggis, abwärts auf einem der rassigen Schlittelwege von Rigi Kulm nach Klösterli (www.rigi.ch). Weitere Zentralschweizer Winterhits: Wege und Trails auf dem Hoch Ybrig (www.hoch-ybrig.ch), Schlitteln auf der Klewenalp (www. klewenalp.ch), geführte Schneeschuhtouren im Hochstuckli-Gebiet (www.sattel-hochstuckli.ch).

1744 zum ersten Mal bestiegen. Engelberg entwickelte sich rasch zu einem Luft- und Klimakurort, Bade- und Trinkkuren wurden angeboten und es entstanden Hotelkomplexe mit schönen Parkanlagen.

Wie bei den Inuit: Schneeschuhe und Iglus am Titlis

Engel hört man heute keine mehr singen, eher schon die Jauchzer von Freeridern, Boardern und Skifahrern, ziehen sich doch am mächtigen Titlis-Massiv Pisten aller Schwierigkeitsgrade über die schneebedeckten Hänge. Aber auch Nicht-Skifahrer kommen auf ihre Kosten. Eine schöne Höhenwanderung führt von der Bergstation Obertrübsee zur Hüethütte. Den Titlisgletscher vor Augen, wandert man am Ufer des gefrorenen Trübsees entlang, viele Sitzgelegenheiten laden zum Sonnenbaden. Die kurze Runde am Trübsee kann auch mit Schneeschuhen zurückgelegt werden. Etwas weiter aus holt der blau markierte «Global Trail» von der Gerschnialp über das Restaurant Riz nach Untertrübsee.

Geführte Schneeschuhtouren ins winterliche Weiss organisieren die Skischule Engelberg-Titlis und das Bergführerbüro. Angeboten werden romantische Touren in Gruppen wie Mondschein-Schneeschuhlaufen und Fackelwanderungen, aber auch praktische Kurse wie Lawinenausbildungen, die wissenswerte Grundkenntnisse vermitteln. Das Iglu-Dorf auf Trübsee bietet Gelegenheit, in die jahrtausendealte Tradition der Inuits einzutauchen und eine Nacht im Iglu zu verbringen. Kuschelige Felle und warme Schlafsäcke sorgen für wohlige Wärme, ob man nun gruppenweise im Standard-Iglu oder zu zweit im Romantik-Iglu übernachtet. Warum nicht schnell rein ins Schneehaus, bevor der Frühling kommt und die kunstvollen Bauten von der Sonne umweltgerecht entsorgt werden?

Zum geografischen Herzen der Schweiz

**Mit Schneeschuhen auf dem Hochplateau
von Melchsee-Frutt:
Von der Stöckalp zur Tannalp und auf die Erzegg**

Von der Stöckalp zur Tannalp und auf die Erzegg

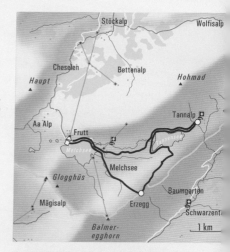

WT2

⊘ 4 h

⊔⊔ 11 km

▲▲ 548 m

Route Stöckalp (1080 m) – Seilbahn bis Melchsee-Frutt (1902 m) – Distelboden (1900 m) – P. 1972 – Tannalp (1974 m) – Erzegg (2174 m) – Distelboden (1900 m) – Melchsee-Frutt (1902 m)

Wanderzeit 4 Std. mit jeweils 274 m Auf- und Abstieg. Winterwanderung bis Tannalp und zurück 2 ¼ Std. mit jeweils 100 m Auf- und Abstieg

Tourencharakter / Schwierigkeit WT2. Leichte Schneeschuhtour, auch für Einsteiger und Familien mit Kindern geeignet. Bis zur Tannalp auch als Winterwanderung möglich, die Route folgt mehrheitlich der Langlaufloipe

Varianten Schneeschuhwanderungen: Melchtal – Stöckalp 8 km, 3 Std., leicht; Dorf Melchtal – Storeggpass 10,5 km, 6 ½ Std., anspruchsvoll; Melchsee-Frutt – Chringenpass 7,5 km, 4 Std., mittelschwierig; Melchsee-Frutt – Bonistock – Hohmad 9 km, 4 Std., mittelschwierig; Melchsee-Frutt – Fikengrat 15 km, 6 Std., mittelschwierig. Geführte Schneeschuhtouren beim Tourismusbüro Melchsee-Frutt, Tel. 041 660 70 70

Hinweise Gondelbahn Stöckalp – Melchsee-Frutt Betriebszeiten von Anfang/ Mitte Dezember bis Anfang April, Mo bis Fr 8.20 bis 17.30 Uhr, Sa, So und allg. Feiertage 7.45 bis 17.30 Uhr. Automatischer Wetterbericht/Infotelefon: 041 669 70 70

Schlitteln 8 km langer Schlittelweg von Melchsee-Frutt zur Stöckalp (auch Nachtschlitteln zu bestimmten Zeiten möglich). Kinder 6 bis 15 J./Jugendliche 16 bis 19 J. / Erwachsene: ½ Tag Fr. 13.50/22.–/27.–. Ganzer Tag Fr. 17.50/ 28.–/35.–. Schlittenmiete bei der Talstation, im Stöckli Miet- und Servicecenter oder auf Melchsee-Frutt im Frutt-Ladä für Fr. 10.– pro Tag

Verpflegung / Unterkunft Hotels und Restaurants in Stöckalp und auf Melchsee-Frutt

Karten Landeskarten der Schweiz 1:25 000, Blätter 1190 «Melchtal» und «1210 Innertkirchen»

Anreise / Rückreise Mit der Bahn bis Sarnen, weiter mit dem Postauto bis direkt vor die Talstation der Gondelbahn Stöckalp – Melchsee-Frutt

Internetlinks www.melchsee-frutt.ch www.melchsee-frutt.com

Historischer Ursprung
und geografischer Mittelpunkt

Die Zentralschweiz ist der historische Ursprung der Schweiz, das lernen alle in der Schule. Die Region rund um Melchsee-Frutt ist das geografische Herz, das wissen wir seit dem Jahr 1988, als anlässlich des 150-jährigen Bestehens des Bundesamtes für Landestopografie der geografische Mittelpunkt der Schweiz ermittelt wurde. Dieser liegt oberhalb einer Felswand westlich von Chli-Älggi bei den Koordinaten 660 158 / 183 641. Da dieser Punkt für Wanderer nur schwer zugänglich ist, wurde rund 500 Meter südöstlich davon, auf der Älggialp, eine Pyramide erstellt, die den Mittelpunkt der Schweiz symbolisiert. In der kalten Jahreszeit liegt die Älggialp im Winterschlaf, nicht jedoch das nahe Hochplateau von Melchsee-Frutt. Auf einer Schneeschuhtour, die auch Einsteigern empfohlen werden kann, wandern wir zum Tannensee und besteigen anschliessend die aussichtsreiche Erzegg. Von dort schaut man hinüber zum Mittelpunkt der Schweiz und noch weit darüber hinaus.

Alte Klöster und romantische Kapellen

Das Melchtal erstreckt sich vom Talort Kerns südwärts bis zur Stöckalp. Auf dem Weg dorthin bummelt das Postauto durch den Wallfahrts- und Pilgerort Flüeli-Ranft mit dem Geburts- und Wohnhaus des Eremiten Niklaus von Flüe, fährt vorbei am Kloster im idyllischen Ort Melchtal. Eine passende Einstimmung fürs Wandern auf Melchsee-Frutt, liegen doch bei unserer Schneeschuhtour zwei malerische Kapellen direkt am Weg. Mit der Gondelbahn schwebt man von der Stöckalp hinauf ins autofreie Melchsee-Frutt, das mit einem eindrücklichen Weitblick überrascht. Das Hochtal wird im Süden flankiert von Balmeregghorn und Erzegg, auf der nördlichen Seite vom gewaltigen Felsriegel des Bonistocks. Dazwischen breitet sich der Talboden mit dem Melchsee aus.

Von der Bergstation führt der gespurte Weg zunächst hinunter zum eis- und schneebedeckten Melchsee, dann in östlicher Richtung zum Distelboden und steigt über offenes Gelände auf zum Tannensee. Bis zum Berghotel ist die Route auch für Winterwanderer geeignet, diese halten

sich vorwiegend an die nahe Langlaufloipe. Mit den Schneeschuhen ziehen
wir unter den steilen Hängen des Bonistocks unsere Spur.

Eisengewinnung und Wasserkraft

Melchsee und Tannensee wurden in den
Jahren 1956/57 durch Staumauern für
die Stromgewinnung nutzbar gemacht. Vom Tannensee fliesst das Wasser in den etwas tiefer gelegenen Melchsee und wird von dort durch
einen unterirdischen Stollen auf die Turbinen des Kraftwerkes Hug-
schwendi auf der Stöckalp geleitet. Die unmittelbare Umgebung der
beiden Seen ist nahezu baumfrei. Denn schon um 1400 baute man auf
der nahen Erzegg im Tagebau Eisenerz ab, das Brennmaterial für die
Schmelzöfen lieferten die Bäume auf der einstmals waldreichen Hochebene.

Da auf der Erzegg auch die Kantonsgrenze verläuft, waren sowohl Ob-
waldner als auch Berner mit der Eisengewinnung beschäftigt. 1689 wurden die Bergwerke auf der Frutt und im Melchtal stillgelegt, während
die Berner noch bis im 19. Jahrhundert mit der Eisengewinnung fort-
fuhren.

Melchsee-Frutt war also schon früh ein Übergang zwischen Nord und
Süd. Die Berner auf der südlichen sowie die Melchtaler und Kernser auf
der nördlichen Seite trieben regen Handel. Einfach scheinen die Wege
nicht gewesen zu sein, denn Frutt lässt sich als «treppenartiger, schwie-
riger Anstieg auf einen Felsenberg» übersetzen.

TIPP **Etwas los auf dem Stoos** Herrliche Panoramen, Wander- und Schlittelwege sowie Schneeschuhtrails bieten die Regionen Lungern-Schönbüel und die Mör-
lialp über dem Sarnersee (www.panoramawelt.ch, www.moerlialp.ch). Rund um den
Stoos, ein autofreies Feriengebiet über dem Vierwaldstättersee, führt ein einstündi-
ger Spaziergang, und auf dem Fronalpstock bestaunt man auf einem kurzen Rund-
wanderweg die Aussicht auf zehn Seen und das Panorama der Zentralschweizer Berge.
Zwei Schneeschuhtrails ergänzen das Programm, daneben bieten diverse Veranstal-
ter Erlebnisse von Husky-Schlittenhundefahrten bis zu Hölloch-Expeditionen an
(www.stoos.ch). Autofrei ist auch Braunwald mit Schlittelbahn, Snowtubing, geführten Schneeschuhtouren und neuem Panorama-Winterwanderweg (www.braunwald.
ch).

Heute sind die Wege gepflegt, sommers wie winters erleichtern Lifte und Bahnen die Auf- und Abstiege. Anfang des 19. Jahrhunderts war dies noch anders. Kurgäste wurden in Sänften hinauf auf die Frutt getragen und hatten auf Geheiss der dortigen Kurärzte direkt über dem Kuhstall zu schlafen und sich mit Ziger und «Ankenmilch» zu ernähren.

Schlitten und Schneeschuhe

Der Weg führt nun am Ufer des Tannensees entlang und erreicht bald die Tannalp mit der schönen Kapelle und den Alpgebäuden, deren Dächer dick mit Schnee beladen sind. Das Berggasthaus verführt zum Einkehren, bei Kälte wärmt ein heisser Tee wieder auf. Bei milden Temperaturen geniesst man in den Liegestühlen auf der geräumigen Terrasse ein Gratis-Sonnenbad und die Aussicht auf den nahen Titlis.

Für Winterwanderer geht es auf gleichem Weg zurück, mit den Schneeschuhen halten wir uns südlich und überqueren zunächst den Staudamm des Tannensees. 200 Höhenmeter geht es nun über den langgezogenen Grat der Erzegg und durch tiefen Schnee hinauf zu P. 2174. Herrlich ist die Aussicht über das Gental bis weit zu den Berner Alpen, auf Graustock und Titlis, zu Wendenstöcke und Sustenhorn.

Knapp 300 Meter tiefer liegt die romantische Kapelle am Ufer des Melchsees. Den Abstieg beginnt man mit Vorteil noch vor den Skipisten. Wir steigen durch einen der tief verschneiten Hänge hinunter auf den Distelboden und weiter zur Bergstation. Dort tauschen wir die Schneeschuhe gegen den Schlitten und sausen hinunter nach Stöckalp. Ein rasantes Vergnügen, das auch Kindern mächtig Spass macht, schliesslich ist die acht Kilometer lange Abfahrt mit einer Höhendifferenz von ca. 800 Metern der längste Schlittelweg der Zentralschweiz.

Im Wilden Westen von Luzern

Im Biosphärenreservat Entlebuch:
Von der Marbachegg nach Kemmeribodenbad

Von der Marbachegg nach Kemmeribodenbad

⊘ 3½ h
⎣⎽⎽⎦ 9 km
▲▲ 524 m

Route Marbachegg (1500 m) – Ob. Lochsitli (1382 m) – Unt. Lochsitli (1197 m) – Wäldli (1104 m) – Bumbach (931 m) – Kemmeribodenbad (976 m)

Wanderzeit 3½ Std. mit 524 m Abstieg (Marbachegg–Bumbach 2 Std., Bumbach–Kemmeriboden-Bad 1½ Std.)

Tourencharakter/Schwierigkeit Leichte Winterwanderung von der Bergstation Marbachegg hinab in den Talboden der Emme nach Bumbach. Ab hier mit dem Postauto zurück nach Marbach oder auf ebener Strecke entlang der Emme bis zum romantischen Hotel Kemmeribodenbad (ebenfalls Postautohaltestelle). Kombibillete für Gondelbahn und Postauto erhältlich. Winterwanderwege pink markiert

Varianten Markierte Rundwanderung Bumbach ca. ¾ Std. Markierter Winterwanderweg ab Kemmeribodenbad über Chüblisbüel (4,4 km, 1 Std.), Salwideli (8 km, 2 Std.) bis Sörenberg (15,8 km, ca. 4 Std.). «Global Trails» ab Sörenberg: Schratten-Trail Nr. 1 4 km, 3 Std., Blau, WT1; Schratten-Trail Nr. 2 4 km, 2 Std., Rot, WT2; Blattenegg–Salwideli 8 km, 4 Std., Rot, WT2

Hinweise Gondelbahn Marbachegg Betriebszeiten von Anfang/Mitte Dezember bis Ende März, täglich 8.30 bis

17 Uhr. Schlittelpiste nahe der Talstation der Marbacheggbahn. Schlittelweg in Bumbach-Schangnau. Info, Wetter- und Schneebericht: Tel. 034 493 36 37

Verpflegung/Unterkunft Berghaus Eigerblick auf der Marbachegg; Hotel Kemmeribodenbad; Restaurants und Hotels in Marbach, Bumbach und Schangnau

Karten Landeskarten der Schweiz 1:25 000, Blätter 1188 «Eggiwil» und «1189 Sörenberg»

Anreise/Rückreise Mit der Bahn von Luzern oder Langnau nach Escholzmatt, weiter mit dem Postauto nach Marbach. Für die Rückreise Postautoverbindung von Kemmeribodenbad über Schangnau nach Marbach

Internetlinks www.marbach-lu.ch. www.marbach-egg.ch www.kemmeriboden.ch www.schangnau.ch; www.biosphaere.ch www.bumbach-schangnau.ch

Was ist ein Biosphärenreservat?

Die Auszeichnung UNESCO-Biosphären-
reservat bekommt man nicht einfach so.
Hier wird Nachhaltigkeit gelebt, Mensch
und Natur stehen im Einklang miteinander, auch wenn sich diese mal wild ge-
bärdet. Biosphärenreservate sind Teil
des UNESCO-Programms «Mensch und

Biosphäre». Lebensräume sollen nachhaltig genutzt werden, natürliche
Vielfalt erhalten bleiben.

Das Entlebuch ist das erste und bisher einzige Biosphärenreservat der
Schweiz gemäss Sevilla-Kriterien. Es besitzt Naturschätze wie nur wenige Regionen in den Voralpen: Moore, Karstgebiete, Höhlen und viele
mehr. Von Frühjahr bis Sommer wandert man über die sanften Hügel,
entdeckt geschützte Moorlandschaften und eine reichhaltige Tier- und
Pflanzenwelt. Angeboten werden Aktivitäten wie Goldwaschen, Eulen-
und Adler-Beobachtungen, Lamatrekkings, Köhlerbesuche und Märchen-
wege, oder man entdeckt die meditative Stille auf einem Seelensteg.

Im Winter ist alles noch etwas ruhiger, die Skigebiete sind überschau-
bar und auf Familien ausgerichtet. Schrattenfluh und Hohgant, schon
im Sommer anspruchsvolle Gipfelziele, sind im Winter nur für erfahrene
Schneeschuhwanderer ein Thema. Trotzdem müssen leidenschaftliche
Fussgänger nicht auf schöne Panoramen verzichten, das beweist die
aussichtsreiche Winterwanderung von der Marbachegg nach Kemmeribodenbad.

Umkämpfte Grenzregion

Zwischen Luzern und Bern liegt Marbach, das Tor zum Biosphärenreser-
vat Entlebuch. Der idyllische Dorfkern von Marbach mit seinen alten
Häusern steht im Verzeichnis der schützenswerten Ortsbilder der
Schweiz. Die Bauernhäuser beeindrucken mit ausladenden Dächern wie
im Emmental. Kein Wunder, denn Marbach war ursprünglich dem
Kloster Trub zugehörig, somit bernisch, und kam erst 1405, nach vielen
Scharmützeln in der Grenzregion, zum Kanton Luzern. Wer im Sommer
auf dem Grenzpfad Napfbergland, einem Fernwanderweg zwischen den
Kantonen Bern und Luzern, unterwegs ist, liest auf Schautafeln am Weg

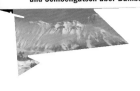

viel Wissenswertes zu Kultur, Geschichte und Landschaft des Grenzgebietes. Aber auch im Winter lohnt ein Bummel durchs Dorf Marbach oder zu romantischen Plätzen wie der Lourdes-Grotte am Steiglenbach.

Eine beliebte Winterwanderung beginnt jedoch eine Etage höher, auf der aussichtsreichen Sonnenterrasse der Marbachegg. Der Weg hinauf ist bequem, sanft schweben die Gondeln der Marbacheggbahn bis vors Berghaus Eigerblick. Die Spitze des berühmten Eigers erkennt man in der Ferne zwar, ebenso die Fiescherhörner und den Mönch, die Blicke bleiben jedoch zuallererst an der Schrattenfluh, einem eindrücklichen Kalkriegel, hängen. Die Sage berichtet von einer verwunschenen Jungfrau, die in den Karrenfeldern und Höhlen der beeindruckenden Karstlandschaft auf ihre Erlösung wartet, und auch von anderen Gestalten, die im Grenzgebiet Emmental/Entlebuch heimisch sind, wie die wilden Geister im Enziloch, der Türst und die Sträggelen.

Meringues mit Rahm statt Kurbad

Bleiben wir bei weltlichen Dingen. Wir stärken uns auf der Sonnenterrasse des Berggasthauses und wandern auf dem markierten Weg zum Speichersee Lochsitli. Auf dem Weg über Wäldli hinab zum Talboden der Grossen Emme erheben sich links des Weges die Schrattenfluh mit Hengst und Schibengütsch, rechts der wuchtige Hohgant mit dem Furggengütsch, dem höchsten Gipfel des Hohgantmassivs.

TIPP Schöne Aussichten in der Biosphäre Das touristische Zentrum in der UNESCO-Biosphäre Entlebuch bilden die Orte Sörenberg und Flühli, die ein ausgedehntes Winterwanderwegenetz bieten. Da wandert man zu Ski- und Alphütten oder zur Glaubenbielen-Passhöhe, für den Spassfaktor sorgen die Schlittelbahnen Schwand und Rossweid (www.soerenberg.ch). Highlight im wahrsten Sinne des Wortes ist das Brienzer Rothorn. Während die Dampfloks auf Berner Seite ihren Winterschlaf halten, schwebt von Sörenberg auch im Winter die Luftseilbahn hinauf zum höchsten Gipfel des Kantons Luzern. Und das nicht nur für Skifahrer: Dank günstigem Tagesticket kommen auch Fussgänger in den Genuss der grossen Rundumsicht von den Zentralschweizer Bergen bis hin zu Eiger, Mönch und Jungfrau.

In Bumbach lohnt der markierte, 45-minütige Rundgang durch das Dorf; auf Familien wartet ein kleines, aber feines Skigebiet inklusive Schlittelgelegenheiten. Überhaupt bietet der Talboden der jungen Emme einiges an Überraschungen: historische Holzbrücken über die Emme, im Dorf Schangnau die 1618 erbaute Kirche und die Naturbrücke über die Räblochschlucht. Eingekehrt wird in urigen Gasthöfen. «Übernachten wie zu Gotthelfs Zeiten», heisst es gar an einem Bauernhaus auf dem Weg nach Kemmeribodenbad.

Zwischen Bumbach und Kemmeriboden verläuft die Langlaufloipe, der Hinweis «Kemmeriboden 1,5 Stunden» auf pinkfarbenem Wegweiser bringt jedoch auch Winterwanderer auf die richtige Spur. In Kemmeribodenbad, die Vermutung liegt nahe, wurde einst gekurt. Erholungsbedürftige pilgerten wegen der schwefligen Quellen ins Oberemmental. Heute locken die weit herum bekannten Meringues mit Rahm und statt Wannenbädern steht ein Hotpot zur Verfügung. Stille Winterwanderwege führen weiter zum Berggasthaus Salwideli oder, für ausdauernde Geher, bis nach Sörenberg.

Das Rundreisebillet beinhaltet eine Fahrt mit der Gondelbahn auf die Marbachegg und die Rückfahrt mit dem Postauto von Kemmeribodenbad zur Talstation. Wer es sich im Restaurant des romantischen Kemmeribodenbad gemütlich macht, sollte allerdings den Fahrplan studieren und auf die Abfahrt des letzten Postautos nach Marbach achten.

Winterliche Passwanderung

**Auf klassischer Route
vom Berner Oberland ins Wallis:
Von Kandersteg auf den Gemmipass**

Von Kandersteg auf den Gemmipass

🕐 5½ h

⊔⊔⊔ 18 km

▲ 900 m

Route Sunnbüel (1934 m)–Spittelmatte/
Arvenseeli (1872 m)–Schwarenbach
(2060 m)–Daubensee (2207 m)–Gemmipass (2322 m)

Wanderzeit 5½ Std. für jeweils 9 km
Wegstrecke mit 450 m Auf- und Abstieg
(Aufstieg 3 Std., Abstieg 2½ Std.)

Tourencharakter/Schwierigkeit Einfache, aber hochalpine Winterwanderung.
Gutes Schuhwerk und ein gewisses
Mass an Kondition sind unbedingt erforderlich. Die Route kann auch abseits
des pink markierten Winterwanderweges mit Schneeschuhen begangen
werden

Varianten 55 km gespurte und markierte
Winterwanderwege, u. a.: Kandersteg–Berg-
station Sesselbahn–Oeschinensee 3 km,
1 Std. (Schlittabfahrt möglich);
Kandersteg–Oeschiwald–Kandersteg
12 km, 3 Std. Kandersteg–Blausee 6 km,
1½ Std.; (Rückfahrt mit Bus möglich).
Markierte **Schneeschuhtrails**: Sunnbüel–
Stock 2,5 km, ca. 1¼ Std., Blau, WT1.
Panorama-Tour Höhwald 5 km, 2½ Std.,
Rot, WT2

Hinweise Seilbahn Kandersteg–Sunnbüel Betriebszeiten von 8.30 bis 17.40
Uhr, Schneeschuh- und Schlittenvermietung bei der Bergstation (www. sunn-
buel.ch). Seilbahn Gemmipass–Leukerbad von 9 bis 12 und 13 bis 17.30 Uhr
(www.gemmi.ch). Pendelbahn Dauben-

see–Gemmi von 9.15 bis 16.30 Uhr.
Infotel. Kandersteg: 033 675 80 82.
Geführte Schneeschuhtouren bei
Kandersteg-Tourismus bzw. Bergsteiger-
schule Kandersteg (www.bergsteigen-
kandersteg.ch)

Schlittelbahnen Bergstation der Sesselbahn–Oeschiwald–Kandersteg 4 km.
Schlittelbahn im Oeschiwald 800 m,
beleuchtet von 19 bis 22 Uhr

Verpflegung/Unterkunft Bergrestaurant
Sunnbüel, Berghotels Schwarenbach
und Wildstrubel auf der Gemmipass-
höhe. Restaurants und Hotels in Kandersteg und Leukerbad

Karten Landeskarten der Schweiz
1:25 000, Blätter 1247 «Adelboden» und
«1267 Gemmi»

Anreise/Rückreise Mit der Bahn über
Spiez nach Kandersteg. Von Leukerbad
mit Bus bis Leuk und mit der Bahn nach
Kandersteg.

Internetlinks www.kandersteg.ch
www.leukerbad.ch; www.loetschberg.ch

Winterliches Eldorado
für stille Geniesser

Rund um die Kirche liegt fester Schnee, die Loipen im Langlaufeldorado Kandersteg sind gespurt und über dem Dorf am Lötschbergtunnel strecken Blüemlisalp, Dolden- und Fründenhorn ihre weissen Gipfel dem blauen Himmel entgegen.

Am Fusse ihrer Steilwände ziehen sich im Winter markierte Wege und Trails durch die verschneite Landschaft. Kandersteg ist also nicht nur für Langläufer ein Paradies, sondern auch für Fussgänger. Da versteckt sich der Oeschinensee unter steilen Felswänden, ist der Naturpark Blausee ein stilles Idyll und führt eine hochalpine Wanderung auf den Gemmipass, der das Berner Oberland mit dem Wallis verbindet. Wer diese Route unter die Schnee- oder Wanderschuhe nimmt, darf sich am Ende eines langen Wintertages mit einem Entspannungsbad in den warmen Thermalbecken von Leukerbad belohnen.

Gemmiroute – ein Klassiker auch im Winter

Er galt lange Zeit als gefürchteter Übergang vom Berner Oberland ins Wallis: der Gemmipass. Unklar ist, woher sein Name stammt, nicht belegt ist, wann er zum ersten Mal überschritten wurde, und ungewiss ist auch, ob die ansonsten überall präsenten Römer je dort oben waren. Ursprünglich war er nur für den Trägerverkehr angelegt, Säumer und Handelsreisende pilgerten über den Pass, später kamen Naturforscher und Gelehrte, und bald zahlungskräftige Touristen. Natürlich nicht zu Fuss, sondern in Tragsesseln, die von jeweils 4 bis 8 Trägern über den Pass geschleppt wurden. Heute führt ein gut ausgebauter Weg über die Gemmi, erschlossen mit je einer Luftseilbahn auf Berner und auf Walliser Seite. Die einstmalige Handelsroute hat nur noch Bedeutung für konditionsstarke Wanderer.

Seit einigen Jahren wird dieser Klassiker auch im Winter gespurt und ist eine ansprechende Tagestour, sei es als klassische Wanderung oder mit Schneeschuhen abseits des gepfadeten Weges. Mit der Seilbahn in Sunnbüel angekommen, ziehen wir über die weite Ebene der Spittelmatte, auf der die Grenze zwischen den Kantonen Bern und Wallis ver-

Tiefer Winter: markierter Schneeschuhtrail auf Sunnbuel

läuft. Auf Höhe der Arvenseeli, die sich rechts des Weges hinter uralten Baumbeständen verstecken, erinnert eine Gedenktafel an den Gletschersturz vom 11. September 1895. 4,5 Mio. m³ Eis stürzte damals vom Altelsgletscher auf die Spittelmatte, verwüstete den Wald und die Alp und begrub sechs Menschen mitsamt ihrem Vieh unter sich. Altels, Balm- und Rinderhorn, markantestes Dreigestirn im westlichen Berner Oberland, beherrschen nun auch die Szenerie, während der Weg steiler ansteigt und das Berghotel Schwarenbach erreicht.

Literarischer Zeitzeuge: Berghotel Schwarenbach

Das ursprünglich 1742 als Zollhaus erbaute Gasthaus gilt als eines der ältesten Berggasthäuser der Schweiz. Neben bekannten und weniger bekannten Alpinisten erlebte der Schwarenbach auch die Prominenz der frühen Reisenden. Horace Bénédict de Saussure war da (im Jahre 1777), Adalbert von Chamisso (1812), Edward Whymper (1860), Jules Verne (1873), Guy de Maupassant (1877), Sir Arthur Conan Doyle (1893), Pablo Picasso (1933) und Wladimir Iljitsch Uljanow (1904), besser bekannt unter dem Namen Lenin, ebenso wie Albrecht von Haller (1728), der berühmte Alpenschwärmer, um nur ein paar Namen zu nennen. Mark Twain verliess die Herberge «Zum Schwarenbach» 1878 gar «als ein verwandelter Mensch, ein umgestalteter Charakter».

Vom Schwarenbach führt der Weg stetig ansteigend zum zugefrorenen

TIPP Climber und Musher Der Naturpark Blausee vor den Toren Kanderstegs ist im Winter eine stille Oase und auf einer schönen Wanderung zu erreichen (www.blausee.ch). Von der Bergstation Oeschinen geht's zum Naturwunder des Oeschinensees. Ist dessen Eisdecke genügend dick, bohren schon mal Fischer ein Loch ins Eis und trauen sich auch Langläufer und Spaziergänger darauf (www.oeschinensee.ch). Wer Schnee und Eis liebt, dem seien zwei Veranstaltungen wärmstens empfohlen: Beim Ice-Climbing Festival dreht sich alles ums Eisklettern und beim Schlittenhunderennen rasen die Musher wie einst bei Jack London durch die verschneite Landschaft. Nebenan im Kiental schwebt eine neue Sesselbahn nach Ramslauenen, hinunter saust man auf dem 7 km langen Schlittelweg (www.kiental.ch).

Daubensee, einem Langlaufparadies, das hauptsächlich von Wintersportlern genutzt wird, die von Leukerbad mit der Seilbahn heraufschweben. Ein letzter Anstieg, und wir stehen auf dem Gemmipass.

«Danke, liebe Römer»

Grandios ist das Panorama der schneebedeckten 4000er der Walliser Alpen: Mischabelgruppe, Weisshorn, Zinalrothorn, Matterhorn, Dent Blanche. Schwindelerregend ist der Blick hinunter zum verschneiten Leukerbad, den wir mindestens ebenso ehrfürchtig geniessen wie einst Mark Twain. Für ihn war diese Passage «der bemerkenswerteste Weg, den ich jemals gesehen habe. Er wand sich in Korkenzieherkehren an der gewaltigen Steilklippe abwärts – ein schmaler Pfad, auf dem man stets die schiere Felswand neben dem einen Ellenbogen und das senkrechte Nichts neben dem anderen hatte.»

Im Winter muss niemand den steilen Weg hinabwandern. Die Seilbahn befördert uns sicher nach Leukerbad, wo die Römer einst heisse Quellen entdeckten. Die Römer sind zwar längst weg, doch die Quellen sind noch warm. Loèche-les-Bains ist der grösste Wellness-Ferienort der Schweiz. Gibt es etwas Entspannenderes, als nach einem langen Wintertag einzutauchen ins Burgerbad, wo das Wasser mit angenehmen 38°C aus den Röhren sprudelt? Oder in der Lindner-Alpentherme Körper, Geist und Seele mit Sprudelbädern, Römisch-Irischem Bad und Unterwassermassagen zu verwöhnen? Wohl kaum. Deshalb: Danke, liebe Römer.

Winter unter dem Wildstrubel

Schneeschuhtrail für Einsteiger:
Auf der Engstligenalp über Adelboden

Auf der Engstligenalp über Adelboden

WT 1
🕑 2 h
⌙⌐⌐⌐⌐ 5 km
▲▲ -

Route Schneeschuhtrail Engstligenalp (1937 m) bei Adelboden

Wanderzeit Ca. 5 km, ca. 2 Std., ohne nennenswerte Höhenunterschiede

Tourencharakter/Schwierigkeit WT1. Einfache Schneeschuh-Rundwanderung. Bestens für Anfänger sowie Familien mit Kindern geeignet. Pink markiert, zusätzlich gelber Wegweiser mit Schneemann

Varianten Verschiedene Schneeschuhtrails in der Region, u. a. auf Springenboden im Diemtigtal 5 km, ca. 2 Std., Elsigenalp–Elsighorn–Elsigenalp 8,5 km, 6 Std., Geils–Hahnenmoos 3,5 km, 2 Std. Winterwanderwege Diemtigtal, u. a. Röschtenschwend–Entschwil–Talstation Riedli 6,5 km (Bergfahrt mit Sesselbahn). Rätselweg Grimmialp 3,5 km, 1½ Std. (mit Preisverlosung). Rundwanderwege Springenboden 1½ Std., Diemtigbergli–Aegelsee 5 km, 1½ Std. Talwanderung individuell (mit Postauto kombinierbar)

Hinweise Luftseilbahn Adelboden/Unter dem Birg–Engstligenalp Betriebszeiten von 8.30 bis 12 Uhr und 13 bis 17 Uhr (www.engstligenalp.ch). Schneeschuhmiete in Sportgeschäften in Adelboden und im Diemtigtal beim Gasthaus Gsässweid (www.springenboden.ch)

Schlittelbahnen U. a. Tschentenalp–Möser 2,1 km, Nachtschlitteln auf beleuchteter Piste (www.tschentenalp.ch), Sillerenbühl–Bergläger 5 km, täglich ab 13 Uhr. Hahnenmoos–Geils 2 km, ganztags geöffnet. Elsigenalp–Elsigbach 3,5 km, täglich bis 15.30 Uhr (www.elsigenalp.ch)

Verpflegung/Unterkunft Berghotel Engstligenalp, Berghaus Bärtschi Engstligenalp; Restaurants und Hotels in Adelboden

Karten Landeskarten der Schweiz 1:25 000, Blätter 1227 «Niesen», 1247 «Adelboden» und «1267 Gemmi»

Anreise/Rückreise Mit der Bahn über Spiez nach Frutigen, mit dem Bus nach Adelboden

Internetlinks www.adelboden.ch www.diemtigtal-tourismus.ch www.wierihorn.ch

Mystische Engstligenalp

Adelboden liegt zuhinterst im Engstligental, wo das Wildstrubelmassiv den natürlichen Talschluss bildet. Bereits im 13. Jahrhundert werden in Urkunden die Namen Entschligen und Silleren erwähnt, und die Bewohner wurden als Waldleute bezeichnet, was auf ein einst waldreiches

Gebiet schliessen lässt. Besiedelt wurde das Engstligental also schon weit vor seiner touristischen Ära. Aus dem Jahr 1433 datiert der Bau der Dorfkirche, die ein sehenswertes Freskogemälde und Fenster des Schweizer Künstlers Augusto Giacometti schmücken.

Heute ist Adelboden einer der wichtigsten Schweizer Fremdenverkehrsorte. Im Winter locken stiebende Pulverhänge ins Skigebiet Adelboden-Lenk und die Weltcuprennen am Chuenisbergli sind Kult. Weniger rasant geht es auf der Engstligenalp zu, einer weiten Hochebene am Fusse des Wildstrubels, über den die Grenze zwischen den Kantonen Bern und Wallis verläuft. Nur wenige Meter abseits der Pisten wird die Engstligenalp zum mystischen Ort.

Im Banne des Wildstrubels

Die Luftseilbahn bringt uns hinauf an den Rand des Hochplateaus über Adelboden. Ob man nun mit Schnee- oder Wanderschuhen über die Hochebene spaziert, dem Banne des Wildstrubels kann sich niemand entziehen. Der mächtige Berg wartet mit gleich drei Gipfeln auf. Der Westgipfel und der Mittlere Gipfel erreichen eine Höhe von 3243,5 Meter über Meer, sie sind somit einen halben Meter höher als der im Osten liegende Grossstrubel. Von Einheimischen wird der Westgipfel auch Lenkerstrubel und der Ostgipfel Adelbodnerstrubel genannt. So ist die Bergkette sowohl für Adelboden wie auch für das benachbarte Lenk ein eigentlicher Hausberg. Im goldenen Zeitalter des Alpinismus wurde er am 11. September 1858 von Melchior Anderegg, einem Schweizer Bergführer, und den Engländern Leslie Stephen und T.W. Hinchliff erstmals bestiegen.

Unsere Rundwanderung führt mehrheitlich durch flaches Gelände, vorbei an verschneiten Alphütten, hin zu den Iglus, die an bestimmten

Wasser: zentrales Element auf der Engstligenalp

Daten Gruppen von Schneeschuhwanderern mit einem Fondueplausch in spezieller Atmosphäre verwöhnen. Weiter geht es zu den Schlittenhunden, die mit ihrem Musher auf Passagiere warten. Es ist eine kurzweilige Runde, die beim berühmten Lägerstein, dem eine mystische Bedeutung nachgesagt wird, Staunen auslöst. Die Engstligenalp gilt aber nicht nur wegen dieses mächtigen Gletscherfindlings als Kraftort, als ein Platz, der besonders viel Energie ausstrahlt, sondern auch wegen der speziellen Gebirgsformationen und des grossen Wasserreichtums. Im Jahre 1996 wurde die Engstligenalp ins Bundesarchiv der Kulturlandschaften von nationaler Bedeutung aufgenommen. Die wild-romantischen Engstligenfälle, im Winter auf einer kurzen Schneeschuhwanderung zu erreichen, stehen seit 1948 unter Naturschutz, und überhaupt ist das Wasser im Engstligental seit je ein zentrales Element: Adelbodner Mineralwasser ist bis weit über die Kantonsgrenzen hinaus ein Begriff.

Im Reich des Grimmimutz

Wenn die Tourenplanung es erlaubt, lohnt ein Abstecher hinüber ins Nachbartal. Das Märchenbuch «Der Grimmimutz und die Pfefferhexe» ist ein schöner und zugleich passender Einstieg für einen Besuch des Diemtigtals. Im Sommer bringt ein Erlebniswanderweg Kindern, die auf den Spuren des Grimmimutz wandeln, spielerisch den Umgang mit der

TIPP Eisstock oder Curling? Im Diemtigtal lädt unterhalb der Talstation der Grimmialpbahnen eine Snowtubing-Anlage zu rasanter Fahrt (www.grimmialpbahnen. ch). Der Spass mit den Gummireifen lässt sich auch auf der Engstligenalp erleben. Etwas gemächlicher sind Eisstockschiessen und Curling. In diesen Wintersportarten finden im Eissportzentrum Adelboden Schnupperkurse statt (www.eissport-adelboden.ch). Mit dem Wanderpass Adelboden haben Winterwanderer und Schneeschuhläufer freie Fahrt auf Adelbodner Bergbahnen und Bussen. Tarife und Infos erhält man bei Adelboden Tourismus. Schneeschuhwanderungen und Übernachtungen im Iglu werden organisiert von www.alpinschule-adelboden.ch. Ein Klassiker im Simmental ist der 4 km lange, familienfreundliche Schlittelweg Sparenmoos–Zweisimmen (www.gstaad.ch).

Natur bei. Im Winter wandern Familien auf dem Rätselweg, zuhinterst im Tal auf der Grimmialp. Verschiedene Rätselposten fordern zum Mitmachen auf, kurzweilig ist die Wanderung vorbei am zugefrorenen Blauseeli und dem ehemaligen Kurhaus Grimmialp. Ein stilles Erlebnis ist der neue Schneeschuhtrail auf Springenboden. Die Rundwanderung ist bestens für Einsteiger geeignet, fünf Kilometer Wegstrecke lassen noch genügend Zeit für weitere Erlebnisse im Diemtigtal.

So schweben neuerdings nicht nur Skifahrer, sondern auch Fussgänger auf den Stierenberg, gibt es doch dort oben einen kurzen, aber knackigen Winterwanderweg. Leise schweben die Sessel über verschneite Tannen, während Rothorn, Spillgerte und Rauflihorn die voralpine Umrahmung bilden. Oben angekommen, darf man sich beim Bergrestaurant «Zum Undere Stierebärg» auf der Sonnenterrasse verwöhnen lassen. Die Spezialität sind Nussgipfel und das Kilo Bergkäse gibt's für 18 Franken. Das sind Aussichten! Skifahrer schwingen hinüber zum nahen Skilift, Winterwanderer steigen vollends auf zum Stierenberggrind. Ein deftiger Anstieg, doch von oben bietet sich ein herrlicher Blick übers Tal und hinüber zum Albristhorn und zum Furggeli, dem Passübergang nach Adelboden. Und dort drüben, wir wissen es, verlaufen herrliche Winterwanderwege unterm dem Wildstrubel.

Unten grau,
oben blau

**Wandern über der Nebelgrenze:
Mit Schneeschuhen rund ums Niederhorn**

Mit Schneeschuhen rund ums Niederhorn

WT 1
🕐 2 h
📏 5 km
⛰ 300 m

Routen Niederhorn-Bergstation (1949 m)–Burgfeldstand (2063 m)– auf selbem Weg zurück

Wanderzeiten Niederhorn–Burgfeldstand–Niederhorn ca. 2 Std. mit jeweils 150 m Auf- und Abstieg

Tourencharakter/Schwierigkeit WT1. Einfache Schneeschuhtour, für Anfänger, Einsteiger und Familien geeignet. Lässt sich mit einer Winterwanderung bzw. Schlittelabfahrt kombinieren. Winterwanderwegenetz Beatenberg mit pinkfarbenen Wegweisern

Varianten Winterwanderwege Beatenberg, u. a: Niederhorn–Vorsass 3 km, 370 m Abstieg, ca. 1½ Std.; Niederhorn–Waldegg 10 km, 750 m Abstieg, ca. 3 Std. (beide Wege eignen sich auch zum Schlitteln). Zwei **Winterwanderwege** am Stockhorn: Mittelstation Chrindi–Hinterstockensee und Chrindi–Oberbärgli/Lasenberg, jeweils ca. ¾ Std. **Schneeschuhtour Thunersee–Eriz:** Schwanden (1024 m)–Zettenalp (1599 m)–Stouffe (1512 m)–Innerereriz Säge (1040 m). Wanderzeit ca. 5 Std. mit 500 m Auf- und Abstieg

Hinweise Thunersee-Beatenberg-Niederhorn-Bahnen Betriebszeiten von 8 bis 17 Uhr (www.niederhorn.ch)

Schlittelbahnen Schlittelweg Niederhorn–Vorsass 3 km, Schlittenmiete bei der Bergstation Niederhorn. Jeden Freitag- und Samstagabend Sternenschlitteln auf beleuchteter Schlittelpiste.

Verpflegung/Unterkunft Berghaus Niederhorn, Bergrestaurant Vorsass, Restaurants und Hotels in Beatenberg

Karten Landeskarten der Schweiz 1:25 000, Blätter 1208 «Beatenberg»

Anreise/Rückreise Mit dem Bus von Thun nach Beatenbucht, mit der Standseilbahn nach Beatenberg, mit der Luftseilbahn auf das Niederhorn

Internetlinks www.beatenberg.ch
www.thunersee.ch
www.region-thunersee.ch

Wunderwelten am Thunersee

«Unten grau, oben blau.» Bei dieser knappen Wettervorhersage gibt's nur eines: über die Nebeldecke schweben und loswandern. Am Thunersee ist dafür ein Ausflugsberg ganz besonders prädestiniert, weil dessen Seilbahn auch im Winter in Betrieb ist: das Niederhorn.

Auf der linken Thunerseeseite ist der Niesen der markanteste Berg. Paul Klee, Ferdinand Hodler und andere Künstler inspirierte die Pyramide zu aussergewöhnlichen Bildern, und selbst jedes Schulkind zeichnet unwillkürlich einen Niesen, wenn es einen Berg malen soll. Zwei Linien im 45°-Winkel – die Urgestalt eines Bergs.

Die rechte Thunerseeseite dominiert das Niederhornmassiv. Darunter eröffnet sich eine sagenumwobene Wunderwelt: In den Beatushöhlen schuf die Kraft des Wassers in Jahrtausenden seltsame Tropfsteinformationen, Grotten und kleine Seelein. Die Welt der Stalagmiten und Stalaktiten steht interessierten Besuchern von April bis Oktober auf einem beleuchteten Rundgang offen. Im Winter sind die Beatushöhlen jedoch geschlossen, und so hat das Niederhorn seinen grossen Auftritt.

Niederhorn: Eiger, Mönch und Jungfrau im Fokus

Das Niederhorn ist an einem schönen Wintertag die perfekte Aussichtsloge. Vis-à-vis strecken Niesen und Stockhorn ihre Spitzen aus der grauen Watte, weit geht der Blick über das Kandertal zu Wildstrubel und Wildhorn und in westlicher Richtung zu den Hügeln des Jura. Wo der pink markierte Winterwanderweg nach rechts hinabführt, schnallen wir die Schneeschuhe an, halten uns links und folgen den gelben Wegweisern. Die Route weist keinerlei Abrutsch- oder Absturzgefahr auf und eignet sich daher sehr gut als Einsteigertour und für Familien mit Kindern.

Durch frisch verschneite Hänge steigt man der Gratkante entlang, findet Zeit zum Entdecken, zum Erleben. Schwindelerregend sind die Tiefblicke hinab ins Justistal, fast schon legendär ist die Fernsicht zum Berner Oberländer Dreigestirn Eiger, Mönch und Jungfrau. Bei diesen Aussichten ist schnell der Burgfeldstand erreicht, höchster Punkt des langgezogenen Güggisgrates.

Am Hinterstockensee:
Alphütte mit Schneekappe

Im Sommer ist die Drei-Gipfel-Tour Niederhorn – Burgfeldstand – Gemmenalphorn eine der eindrücklichsten und beliebtesten Kammwanderungen des Berner Oberlandes, nicht zuletzt wegen einer reichhaltigen Flora und Fauna und der angesiedelten Steinbockkolonie. Im Winter ist ein Weitermarsch zum Gemmenalphorn allerdings nur sehr erfahrenen Schneeschuhgängern zu empfehlen.

Die Gipfelrast darf ruhig etwas länger dauern, so viel gilt es zu bestaunen. Anschliessend wandert man auf demselben Weg zurück und trifft am Niederhorn wieder auf das Winterwanderwegenetz von Beatenberg. 38 Kilometer markierte Pfade durchziehen die Region, schon allein der Spaziergang durch Beatenberg ist eine Wanderung – auf sechs Kilometer ziehen sich die drei Bäuerten Schmocken, Spirenwald und Waldegg dahin. 600 Höhenmeter über dem Thunersee blickt man, je nach Winterwetter, auf die glitzernde Wasseroberfläche oder auf das Nebelmeer, darüber thront das Alpenpanorama vom wilden Zacken des Schreckhorns bis zum Formwunder des Niesen.

Vom blauen Thunersee ins grüne Eriz

Wer auf dem Niederhorn die Rundumsicht geniesst, dem sticht nicht nur das bekannte Dreigestirn von Eiger, Mönch und Jungfrau ins Auge, sondern auch der messerscharfe Sigriswilgrat, der im Sigriswiler Rothorn gipfelt. Das tief eingeschnittene Justistal trennt die beiden Nach-

TIPP Weit wandern im Naturpark Die Tagestour vom Thunersee ins Eriz und weitere Schneeschuhtouren finden sich im Programm des Anbieters www.weitwandern.ch. Geführte Schneeschuhwanderungen durch das Stockhorngebiet sowie Lawinenkurse bietet die Alpinschule Bergfalke an (www.bergfalke.ch). Mit Moorlandschaften, Karst- und Höhlensystemen sowie wertvollen Uferlandschaften ist die Region Thunersee reich an Naturschätzen. Kulturelle Werte wie die Schlösser am See, Sagen, Legenden und historische Wege bereichern die Region zusätzlich. Der geplante Regionale Naturpark Thunersee-Hohgant möchte diese Schönheiten sowohl fördern als auch schützen (www.naturpark-thunersee-hohgant.ch).

barberge. Während das Niederhorn sommers und winters leicht mit der Seilbahn zu erreichen ist, ist das Sigriswiler Rothorn selbst im Sommer eine anspruchsvolle Gipfeltour; im Winter steigen nur alpin-erfahrene Schneeschuhgänger hinauf zum höchsten Punkt.

Unter dem langgezogenen Sigriswilgrat ist jedoch eine technisch einfache Schneeschuhwanderung möglich. Von Schwanden, hoch über dem Thunersee, wandert man durch vorwiegend mässig steiles Gelände über die Zettenalp ins Innereriz. Fünf Stunden Wanderzeit stellen dabei höchstens Ansprüche an die Kondition. Die Route ist zwar nicht markiert, jedoch kann man sich an den gelben Wegweisern und an meist vorhandenen Spuren orientieren. Zudem wird diese Tour auch als geführte Schneeschuhwanderung angeboten (siehe Tipp). Prägte vor wenigen Stunden noch der blau glänzende Thunersee das Bild, sind es nun dunkle, mit Schnee beladene Tannen und die mächtige Felsbastion des Hohgant. Für die Verbindung von Berg und See soll einst der geplante Naturpark Thunersee-Hohgant sorgen.

Wo Frau Holle ganze Arbeit leistet

Wandern und Schlitteln in der Jungfrauregion:
Von First über das Faulhorn nach Grindelwald

Von First über das Faulhorn nach Grindelwald

🕐 2½ h

📏 6 km

🔺 514 m

Routen First (2167 m)–Bachseen (2265 m)–Faulhorn (2681 m)–Bussalp (2021 m)–Grindelwald (1034 m)

Wanderzeiten First–Bachseen–Faulhorn 6 km, 2½ Std. mit 514 m Aufstieg

Tourencharakter/Schwierigkeit Einfache Winterwanderung in hochalpiner Umrahmung. Steiler Anstieg vom Bachalpsee zum Faulhorn, anschliessend 15 km Schlittenabfahrt vom Gipfel nach Grindelwald. Winterwanderwege und Schlittelbahnen sind pink markiert

Varianten Winterwandern: In Grindelwald gibt es 80 km präparierte Winterwanderwege, u.a.: First–Waldspitz–Bort 8 km, 2½ Std.; Männlichen–Kleine Scheidegg 6 km, 2½ Std.
Schneeschuhtrails: Wetterhorn 1, Rundkurs 1,5 km, 1 Std., Blau, WT1; Wetterhorn 2, Rundkurs 3 km, 2 Std., Rot, WT2; Panorama-Trail 7 km, 3,5 km, Rot, WT2; Marmorbruch Rundkurs 1,5 km, 1 Std., Blau, WT1; Eiger 6 km, 3,5 Std., Rot, WT2; Kleine Scheidegg 1,7 km, 1 Std., Blau, WT1.

Hinweise Firstbahn Betriebszeiten von 8.30 bis 17.30 Uhr, Wengernalpbahn von 6.55 bis 18.33 Uhr (www.jungfraubahn.ch). Busverkehr zwischen Grindelwald und Bussalp (www.grindelwald-bus.ch). Wander- und Schlittelpass erhältlich. Pisten- und Schneebericht auf www.jungfrauwinter.ch.

Schlittelbahnen Bussalp–Grindelwald (City Run) 8 km; Bussalp–Weidli (Speed Run) 4,5 km; Männlichen–Holenstein 6 km; Alpiglen–Brandegg (Eiger Run) 3 km. Nachtschlitten Eiger Run und auf Bussalp (www.bussalp.ch). Schlittenmiete in den Sportgeschäften von Grindelwald

Verpflegung/Unterkunft Berghaus First, Berghotel Faulhorn, Bergrestaurant Bussalp, Restaurant Bahnhof und Hotel Bellevue des Alpes auf der Kleinen Scheidegg, Berghäuser Alpiglen und Brandegg, Restaurants und Hotels in Grindelwald

Karten Landeskarten der Schweiz 1:25 000, Blätter 1228 «Lauterbrunnen», 1229 «Grindelwald», 1248 «Mürren»

Anreise/Rückreise Mit der Bahn nach Interlaken-Ost, weiter mit den Berner Oberland Bahnen nach Grindelwald

Internetlinks www.grindelwald.com
www.jungfrau.ch
www.wengen-muerren.ch

Viel Tempo und gewaltige Wände

Mit unendlicher Leichtigkeit schweben
die Gondeln der Firstbahn hinauf in die
sonnendurchflutete Hochgebirgswelt über
Grindelwald. Mittendrin in diesem Win-
tertraum steht das Faulhorn, einer der
ältesten Aussichtsberge der Schweiz.
Stolze 2681 Meter hoch, im Sommer ein
beliebter Bergwandergipfel. Auch in der kalten Jahreszeit führt ein ge-
spurter Weg hinauf zum historischen Berghotel. Doch anders als im
Sommer muss sich im Winter niemand zu Fuss auf den langen Abstieg
machen: Auf der längsten Schlittelbahn Europas saust man vom Faulhorngipfel hinunter ins Tal. 15 Kilometer Abfahrt – da braucht es selbst
beim Schlitteln Kondition und vor allem Sitzfleisch.

Subarktisches Feeling

Ein kurzer, satter Anstieg – und schon lässt man Pisten, Pipes und Bei-
zenrummel hinter sich. Von der Bergstation First führt der Pfad hoch zu
den Bachseen, die unter einer dicken Schneedecke schlummern. Fili-
grane Eiszapfenformationen glitzern am Wegesrand, in unmittelbarer
Nähe strecken Reeti und Simelihorn ihre markanten Zacken dem stahlblauen Himmel entgegen, gegenüber erhebt sich der eisgepanzerte
Kranz der Berner Alpen. Der Faulhorngipfel scheint ganz nah, schon
deutlich ist das Berghaus zu erkennen. Doch zuerst muss ein letzter,
schweisstreibender 400-Meter-Aufstieg bewältigt werden – pinkfarbene
Wegweiser geben die Richtung vor.
Schon im vorigen Jahrhundert genossen Reisende die Aussicht vom
Faulhorn. Die ist bis heute dieselbe geblieben: Eiger, Mönch und Jungfrau thronen über dem Land, und 1650 Meter weiter unten liegen wie
zerstreute Mosaiksteine die Häuser Grindelwalds. Wer den Schlitten
dabei hat, ist nun im Vorteil, denn auf dem Faulhorn beginnt die längste Schlittelbahn Europas: der «Big Pintenfritz» ist ein 15 Kilometer lan-
ges Abfahrtsvergnügen. Aufsitzen und johlend zu Tale flitzen – stiebender Neuschnee und flatternde Hosenbeine inklusive. Doch auch der
Abstieg zu Fuss ist ein Erlebnis: Da taucht man gemächlicher ein ins
Weiss und es bleibt mehr Zeit, Weite und Ruhe zu geniessen. Tannen mit

weissen Kappen säumen den Weg, ebenso Alphütten, deren Dächer schwer mit
Schnee beladen sind.

Die «Wand aller Wände»

Die Faulhorn-Tour lässt Distanz zu Grindelwalds Eisriesen. Ganz anders verhält
es sich auf der gegenüberliegenden Seite
des Tales, die man sich nicht entgehen lassen sollte, wenn die Zeit es erlaubt: Der Panoramaweg vom Männlichen über Arven zur Kleinen Scheidegg bietet die wohl eindrücklichste Nahsicht auf Eiger, Mönch und Jungfrau. Alleine ist man jedoch nicht; hier, wo sich die dunkle Eigernordwand direkt vor den Wandernden auftürmt. 1800 Meter senkrechte
Wandhöhe, spektakulär und drohend zugleich. Die «Wand aller Wände»
ist ein gewaltiger Anblick.

Sanft ist das Kontrastprogramm: Postkartenblicke hinüber zum Wetterhorn wechseln sich ab mit Blicken hinab ins Tal der Lütschine. Die Ge-
nusswanderung erlebt auf der Kleinen Scheidegg ihr Finale: Auf einem
Winterwander- und Schlittelweg entlang den Gleisen der Wengernalpbahn erreicht man das gemütliche Berghaus Alpiglen. Hier locken nicht
nur lokale Spezialitäten, in unmittelbarer Nähe beginnt auch der «Eiger
Run», ein rasanter Schlittelweg am Fusse der Eigernordwand. 700 Meter
Höhendifferenz gilt es zu überwinden, über Brandegg bis hinunter nach
Grindelwald. Leichte Passagen wechseln sich ab mit spitzen Kehren, auf
flache Teilstücke folgen enge Haarnadelkurven. Wer gar zu steil in diese
Kurven geht, wird von geschickt platzierten Fangzäunen abgebremst.

TIPP **Cooles Freiluftmuseum auf Zeit** Das «World Snow Festival» ist eine der beliebtesten Veranstaltungen Grindelwalds und findet jeweils im Januar statt. Im Laufe
einer Woche entstehen aus meterhohen Schneeblöcken eiskalte Skulpturen. Ebenso
wird alljährlich eine Weltmeisterschaft auf ungewöhnlichem Wintersportgerät ausge-
tragen: Der Velogemel ist ein dem Fahrrad nachempfundener Sportschlitten mit Lenk-
stange und Kufen, aber keinen Bremsen… (www.grindelwald-events.ch). Mürren
bietet 12 km Winterwanderwege und drei Schlittelwege sowie Curling oder Schlitt-
schuhlaufen auf den Eisbahnen (www.wengen-muerren.ch). Wie in der Waschma-
schine fühlt man sich beim Zorbing in Wilderswil, wenn man in einer aufgeblasenen,
luftgepolsterten Kunststoffkugel den Hang hinabrollt (www.alpincenter.ch).

Zugegeben, schattig ist es dort bis weit in den Tag hinein, aber der «Eiger Run» vereint sonst alle winterlichen Schlittelgenüsse: plattgewalzten Schnee, Tempo und Action, eine Abfahrt bis hinab ins Tal – der perfekte Mix aus Spass, Bewegung und sehenswerter Landschaft.

Der Weg ist das Ziel

Ruhe erlebt, wer vom Tal der Schwarzen Lütschine ins Tal der Weissen Lütschine wechselt. Auf der Talroute durchs Lauterbrunnental wandert man entlang des eiskalten Bergbaches. Der Staubbachfall, Naturwunder und im Sommer Besuchermagnet, spielt im Winter nur eine Nebenrolle. Die kalte Jahreszeit beschert dem Lauterbrunnental andere Höhepunkte: In der Lütschine treiben Eisbrocken, daneben funkeln Schneekristalle und biegen sich Bäume unter der Schneelast.

Hinten im Tal schwebt lautlos die Mürrenbahn an steilen Felswänden entlang. Eine prächtige Schautour ist die Panoramarunde vom Allmendhubel über Sonnenberg hinab nach Mürren. Die Kulisse bilden Breitund Tschingelhorn, Gletscherhorn, Ebnefluh und Mittaghorn. Eiger, Mönch und Jungfrau zeigen sich aus ungewohnter Perspektive; im Vordergrund der Szenerie steht der dunkle Schwarzmönch – doch ist auch er im Winter puderzuckerweiss.

Wunderland unter dem Wetterhorn

**Hoch über Meiringen: Winterwandern
durchs stille Reichenbachtal zur Schwarzwaldalp**

Winterwandern durchs stille Reichenbachtal zur Schwarzwaldalp

⌚ 2½ h

⊔⊔⊔ 7 km

▲▲ 300 m

Routen Gschwantenmaad (1304 m) –
Rufenen (1436 m) – Broch (1428 m) –
Schwarzwaldalp (1454 m) – Hotel
Rosenlaui (1328 m) – Gschwantenmaad
(1304 m)

Wanderzeiten Gschwantenmaad–
Schwarzwaldalp 2½ Std. mit jeweils
150 m Auf- und Abstieg

Tourencharakter/Schwierigkeit Leichte
bis wenig schwierige Winterwanderung
im Reichenbachtal. Für Familien mit
Kindern geeignet, mit Schlitteln kombinierbar. Schlittenabfahrt je nach
Schneeverhältnissen auch über Kalten-
brunnen bis hinab nach Meiringen
möglich

Varianten In Meiringen-Hasliberg ca.
40 km präparierte **Winterwanderwege**, u. a.:
Brünigpass–Hohfluh–Wasserwendi–
Goldern–Reuti 3 Std.; Bidmi–Winter-
lücke–Moosbielen–Reuti 3 Std.
Zwei markierte **Schneeschuhtrails** ab
Schwarzwaldalp: Alpiglen–Spycher-
bach–Geissbach–Bidern 2 Std.; Alpi-
glen–Grosse Scheidegg–Gratschärem–
Oberläger 4½ Std., beide Blau, WT1.
Nur zu eingeschränkten Zeiten begeh-
bar, Infos bei Tourist Info Meiringen.
Schneeschuhmiete beim Hotel Schwarz-
waldalp und in Sportgeschäften in
Meiringen

Hinweise Busverkehr Meiringen–
Schwarzwaldalp siehe öffentlicher Fahrplan (www.postauto.ch)

Schlittelbahnen Grosse Scheidegg–
Schwarzwaldalp 5,5 km (mit Postauto
ab Meiringen); Winterlücke–Hasliberg
Reuti 3 km; Mägisalp–Bidmi 3 km;
Käserstatt–Balisalp–Hasliberg Hohfluh
5 km; Käserstatt–Lischen–Hasliberg
Wasserwendi 4 km

Verpflegung/Unterkunft Berghaus
Schwarzwaldalp, Berggasthaus Kalten-
brunnensäge und Gasthaus Zwirgi im
Reichenbachtal. Restaurants und Hotels
in Meiringen

Karten Landeskarten der Schweiz
1:25 000, Blätter 1209 «Brienz», 1210
«Innertkirchen», 1229 «Grindelwald»

Anreise/Rückreise Mit der Bahn
nach Meiringen, mit dem Postauto ab
Meiringen nach Gschwantenmaad

Internetlinks
www.meiringen-hasliberg.ch

Rosenlaui – Wie ein Märchen

«Wieder steige ich im Morgenlicht durch den hohen Schnee hinan zwischen Hütten und Obstbäumen, die allmählich selten werden und zurückbleiben. Streifen von Tannenwald züngeln über mir den mächtigen Berg hinan bis zur letzten Höhe, wo kein Baum mehr wächst und wo der stille, reine Schnee noch bis zum Sommer liegen wird, in den Mulden tief und sammetglatt verweht, über Felshängen in phantastischen Mänteln und Wächten hängend […] Alles ist weiss und blau, die ganze Welt ist strahlend kaltweiss und strahlend kühlblau, und die Umrisse der Gipfel stechen hart und kalt in den fleckenlosen Glanzhimmel.» Es ist wie bei Hermann Hesse beschrieben. Weiss, wohin man schaut. Alles ist schneebedeckt, Bäume, Hütten, Zäune, Wegweiser. Da passt der Name Rosenlaui: Was so verwunschen wie aus einem Märchen klingt, liegt im Reichenbachtal, einem einsamen Hochtal zwischen Meiringen und Grindelwald. Wie verzaubert sind dort die gespurten Pfade unter Wetterhorn, Rosenlauigletscher und Engelhörnern.

Vorhang auf für Wetterhorn und Rosenlauigletscher

Das Postauto stoppt in Gschwantenmaad. Leicht bergan geht es hinein ins winterliche Weiss und schon bald durch einen dunklen Tunnel, an dessen Ende verführerisch das Wetterhorn leuchtet. Hellblau schimmert der Abriss des Rosenlauigletschers, wie Orgelpfeifen stehen die Engelhörner über dem Hochtal. «Überm Walde steile Schneehänge. Der Weg ist schmal und schlecht geworden. Ein paar Mal breche ich bis zu den Hüften durch den Schnee. Eine launische Fuchsspur geht vom Walde her mit, jetzt rechts, jetzt links vom Pfad, macht eine feine spielerische Schleife und kehrt bergwärts um.» Der Winterwanderweg ist sicher gepflegter als der einst von Hermann Hesse begangene Pfad, doch Tierspuren entdecken auch wir.

Er verläuft auf historischem Boden, dieser Weg durchs Reichenbachtal. Ein Saumpfad stellte einst die Handelsverbindung zwischen Meiringen und Grindelwald her, mühsam war der Warenverkehr über die Grosse Scheidegg. Da haben wir es heute, selbst im Winter, leichter. Das Ziel,

**Tief verschneit: Alphütte
auf dem Hasliberg**

die Schwarzwaldalp, ist schon zu sehen. Die braungebrannte Fassade verspricht Gemütlichkeit. Ausruhen, Kaffee, Tee oder Punsch. Gespräche gehen von Tisch zu Tisch, Erfahrungen und Eindrücke werden ausgetauscht.

Das Gebiet rund um die Schwarzwaldalp ist wenig lawinengefährdet und bietet sich deshalb auch für einfache Schneeschuhwanderungen an. Zwei markierte Wege laden dazu ein, die Winterwunderwelt unter dem Wetterhorn zu entdecken. Da gibt es eine kurze Runde über Alpiglen, weiter holt ein Trail aus, der die Schneeschuhgänger bis hinauf auf die Grosse Scheidegg führt. Der Passübergang zwischen Meiringen und Grindelwald wird im Winter von Meiringen aus auch mit den Postautos angefahren. Eine steile Schussfahrt mit dem Schlitten hinab zur Schwarzwaldalp und ins Reichenbachtal ist garantiert. Schlitteln, Schneeschuhlaufen, Wandern und vielleicht im altehrwürdigen Chalet übernachten: die Wintererlebnisse lassen sich munter miteinander kombinieren.

Also treten wir aus der wohlig-warmen Stube wieder hinaus in die Winterlandschaft. Das Wetterhorn, dem auf der Grindelwaldner Seite etwas die Show von Eiger, Mönch und Jungfrau gestohlen wird, kommt sowohl auf der Grossen Scheidegg als auch über dem Reichenbachtal ganz gross raus. Unmöglich, sich dem Bann des 3692 Meter hohen Massivs zu entziehen. Von mehreren Gletscherströmen umflossen, hinterlässt das am 31. August 1844 zum erstenmal bestiegene Wetterhorn beim Betrachter einen unglaublich starken Eindruck.

TIPP Wo Wasser zu Strom wird Neun Kraftwerke, acht Speicherseen, 150 Kilometer Stollen, Hunderte von Kilometern Rohrleitungen sowie Seilbahnen, Turbinen, Transformations- und Schaltstationen – die Kraftwerke Oberhasli sind ein komplexes Gebilde, die Landschaft an der Grimsel ist von der Wasserkraft geprägt. Die Kraftwerke Oberhasli öffnen interessierten Besuchern auch im Winter ihre Pforten. Auf geführten Rundgängen taucht man ein in die Welt der Tunnels und Turbinen und besichtigt die Kristallkluft Gerstenegg; jeden Mittwochnachmittag von Januar bis Mitte April, Dauer ca. 4 Stunden. Erwachsene Fr. 27.–, Jugendliche 6–16 Jahre Fr. 20.–, für jeden 2. Jugendlichen innerhalb der Familie ist der Besuch kostenlos (www.grimselwelt.ch).

Auf dem Weg zurück zum Ausgangspunkt ist das Plätschern des Rychenbachs lange Zeit das einzige Geräusch in der Stille. Eisbrocken treiben im kalten Bergbach, Schneekristalle funkeln im Gegenlicht um die Wette. So manche Wegpassage lässt sich nun unter die Schlittenkufen nehmen: Hinabflitzen, vorbei am historischen Hotel Rosenlaui, wo nebenan, in der Gletscherschlucht, die Kräfte des Wassers in dunklen Felsenschluchten aktiv sind.

Vor über 200 Jahren ging man einst im ehemaligen Bad Rosenlaui zur Kur. In einer Zeit, als die Alpen nicht nur Schrecken, sondern auch Faszination auslösten, zogen neben den Badegästen und Alpinisten auch Dichter wie Goethe und Lord Byron hinauf ins stille Hochtal. Die Heilquelle ist zwar längst verschüttet und auch das Badehaus von einst steht nicht mehr, doch das Hotel Rosenlaui, ein romantischer Jugendstilbau, empfängt in der Sommersaison auch heute noch Gäste.

In Gschwantenmaad steht das Postauto schon bereit, um müde Winterwanderer wieder hinab ins Tal zu befördern, vorbei am Reichenbachfall, literarisch verewigt durch Arthur Conan Doyle, der hier seinen Meisterdetektiv Sherlock Holmes in die Tiefe stürzen liess.

In die Tiefe stürzen bei Hermann Hesse nur Wassertropfen tauend vom Dach: «... einer in den Schnee, einer klar und kühl auf einen Stein, einer dumpf auf ein trockenes Brett, das ihn gierig schluckt, einer breit und satt auf die nackte Erde, die nur langsam, langsam saugen kann, weil sie so tief gefroren ist. [...] Und wenn ich auch weiss, dass dieser kleine, spiegelnde See zwischen meinen Schuhen und jeder von diesen glitzernden Tautropfen in wenig Stunden tot und Eis sein wird – ich habe doch den Frühling schon an der Arbeit gesehen.» Zum Glück ist es noch nicht Frühling, denn im Haslital warten noch viele weitere Wintererlebnisse.

Weisse Landschaft, weisser Berg

**Schlittelspass auf dem Weissenstein:
Vom Kurhaus nach Gänsbrunnen**

Vom Kurhaus nach Gänsbrunnen

 individuell

⊔⊔⊔ 4,6 km

▲▲ 515 m

Schlittelrouten Weissenstein Kurhaus (1284 m) – Gänsbrunnen (769 m). Länge 4,6 km

Schwierigkeit Da die Sesselbahn seit November 2009 nicht mehr auf den Weissenstein fährt, ist die Zukunft der rasanten Schlittelbahn auf der Südseite ungewiss. Familienfreundlich ist die Schlittenroute auf der Nordseite nach Gänsbrunnen (Zugverbindung mit dem Regio durch den Weissensteintunnel zurück nach Oberdorf)

Varianten Schneeschuhwandern in der Winterlandschaft zwischen Weissenstein und Balmberg oder auf dem Planetenweg. Individuelle oder geführte Tages- und Mondscheinwanderungen. Informationen und Schneeschuhmiete beim Kurhaus Weissenstein

Hinweise Die Sesselbahn Weissenstein hat im November 2009 ihren Betrieb eingestellt. Samstags und sonntags fährt ab Oberdorf Bahnhof stündlich ein Postauto auf den Weissenstein. Museum zur Geschichte des Weissensteins im Kurhaus. Automatische Auskunft (Schneebericht, Wetter, Aktuelles usw.): Tel. 041 249 07 90. Dinosaurierspuren im Steinbruch zwischen Oberdorf und Lommiswil (½ Std. zu Fuss, Aussichtsplattform, Infotafeln), Infos unter www.naturmuseum-so.ch und Schweizer Mittelland Tourismus, www.smit.ch

Verpflegung/Unterkunft Kurhaus Weissenstein (www.hotel-weissenstein.ch), Restaurant Sennhaus (Mo geschlossen), Gasthof Hinter Weissenstein (Mo und Di geschlossen), Kurven-Bar des Hotel St.Joseph (an Wochenenden) auf der Strecke nach Gänsbrunnen. Hotels und Restaurants in Solothurn, Oberdorf und Gänsbrunnen

Karten Landeskarten der Schweiz 1:25 000, Blatt 1107 «Balsthal»

Anreise/Rückreise Mit der Bahn RM (Regionalverkehr Mittelland) über Solothurn oder Moutier nach Oberdorf Bahnhof oder von Solothurn mit dem Bus Nr. 1

Internetlinks www.weissenstein.ch www.seilbahnweissenstein.ch www.solothurn-city.ch

Lange Geschichte

Die Weissensteinkette im Solothurner
Jura überragt wie eine Wand das Aare-
tal. Ihren Namen erhielt sie von den hel-
len, weither sichtbaren Malmkalkwän-
den. Im Winter macht der Weissenstein
seinem Namen erst recht alle Ehre: Weiss,
wohin das Auge schaut. Der Schnee liegt
auf Sträuchern und Bäumen, Eiskristalle kleben an den Wegweisern.
Wenig Kontrast bietet da die helle Fassade des historischen Kurhauses,
das schon von Solothurn aus sichtbar ist.

Die Geschichte des Weissensteins als Reiseziel, die das Museum im Kurhaus zeigt, geht zurück ins 19. Jahrhundert, als mit dem Aufkommen des
Tourismus eine Sennerei Molkenkuren anbot. In den Jahren 1826 bis
1828 wurde das neue Kurhaus erstellt. Von der immer besser werden
Verkehrsanbindung Solothurns an das Eisenbahn- und Strassennetz
profitierte auch der Weissenstein. Mehrmals wurde um- und angebaut,
sogar eine Trinkhalle gab es, und 1876 erhielt das Kurhaus ungefähr die
heutige Silhouette. Im Jahr 1950 ging die Sesselbahn von Oberdorf auf
den Weissenstein in Betrieb, und die Passstrasse verbindet Solothurn
mit Gänsbrunnen. Durch den Weissensteintunnel sind die beiden Orte
auch mit der Eisenbahn verbunden.

Fernsicht für berühmte Gäste

Prominente Gäste beherbergte der Hausberg Solothurns: Unter ande-
rem war Ludwig Uhland da, ebenso Alexandre Dumas und auch Karl
Baedecker. Dieser beschrieb in seinen bekannten roten Reisehandbü-
chern den Blick vom Weissenstein als «eine der berühmtesten Fernsich-
ten der Schweiz. Bei klarem Wetter überblickt man die ganze Kette der
Hochalpen von Tirol bis zum Montblanc; in der Mitte in 80−90 km Entfernung die Berner Alpen.» Äusserst genau und präzise hält Baedecker
das Alpenpanorama in einer Ausgabe von 1913 fest: «Hervortretend besonders der Säntis, der Glärnisch links neben dem im Vordergrund auf-
steigenden Rigi, der Tödi zwischen Rigi und Pilatus, der Schneesattel
des Titlis, die Sustenhörner; dann über Solothurn die Berner Alpen, Wetterhorn, Schreckhorn, Finsteraarhorn, Eiger, Mönch, Jungfrau, Blümlis-

alp, Doldenhorn; weiter Balmhorn, Altels, Wildstrubel, Wildhorn, Diablerets, der Mont Blanc. Im Westen der Bieler, Murtener und Neuenburger See; die Aare windet sich durch die fruchtreiche Ebene. Auf der Hotelterrasse ein Zeissfernrohr …»

Mit Schneeschuhen durchs Sonnensystem

Durch das Fernrohr schaut man noch heute, doch die Zeit der Molkenkuren ist längst vorbei, der Weissenstein ist vor allem im Sommer ein Freizeitberg. Gleich neben dem Kurhaus lässt sich auf dem Planetenweg das Sonnensystem im Massstab 1:1 Milliarde erwandern, im botanischen Juragarten sind über 200 Pflanzenarten zu entdecken, und wer einmal rein in den Berg möchte anstatt hinauf, taucht ein ins Höhlensystem «Nidleloch».

Im Winter ist alles einsamer. Liegt jedoch über dem Mittelland zäher Nebel, wird die Sonnenterrasse des Weissensteins auch in der kalten Jahreszeit zum beliebten Ausflugsziel. Schliesslich sind der Blick über das Mittelland sowie das Alpenpanorama vom Säntis bis zum Mont Blanc grandios. Die Pfade auf dem Planetenweg sind mit Schnee bedeckt; wer das Sonnensystem durchqueren möchte, tut dies am besten auf Schneeschuhen. Im Kurhaus Weissenstein werden Tagestouren und Mondscheinwanderungen organisiert, aber auch wer individuell unterwegs ist, kann sich auf dem Weissenstein nicht verirren.

TIPP Schöne Aussichten im Mittelland Nahe des Weissensteins, auf dem Balmberg, kann man mit luftgefüllten Airboards die Pisten hinabsausen (www.balmberg. ch). Der Grenchenberg (www.untergrenchenberg.ch) bietet einen Schlittelhang für Kinder, und bei der Sternwarte neben dem Restaurant blickt man hinauf zu Sonne, Mond und Sterne (www.jurasternwarte.ch). In Magglingen führt von der Bergstation des Funic-Magglingen eine leichte Winterwanderung zum Lohturm (Wanderzeit ca. 1½ Std.), einem 10 m hohen Hochsitz mit herrlicher Sicht vom Jura bis zu den Alpen; zurück geht es mit dem Schlitten (www.funic.ch). Auch im Winter gespurt ist die beliebte Panoramawanderung von Magglingen auf den Twannberg, Wanderzeit ca. 3 Std. (www.biel-seeland.ch).

Schlittelspass und Dinospuren

«Bahn frei» hiess es jahrelang auf zwei Schlittelwegen am Weissenstein. Sowohl auf der Nord- als auch auf der Südseite des Berges konnte geschlittelt werden. Leider hat die Sesselbahn, die von Oberdorf heraufschwebte, im November 2009 ihren Betrieb eingestellt. Ein neues Bahnprojekt ist zwar in Planung, aber noch ist nichts entschieden. Gibt es zukünftig eine neue Gondelbahn, mit der Gäste und Gepäck wetterunabhängig und schneller auf den Berg transportiert werden können? Oder wird die alte Sesselbahn renoviert oder durch eine neue mit Wetterschutzhauben ersetzt?

Vielleicht kann man ja schon bald wieder auf den Weissenstein schweben – ob mit Gondel- oder Sesselbahn. Dann ist hoffentlich auch die rasante «Südroute» auf der für den Verkehr gesperrten Passstrasse präpariert, und es geht mit viel Tempo die 22 Prozent steile Strasse hinunter. Bis dahin bleibt die Nordseite: Auf der familienfreundlichen Route schlittelt man gemächlich durch den Wald nach Gänsbrunnen, einem kleinen Ort zwischen erster und zweiter Jurakette. Praktisch ist dabei die Eisenbahnverbindung durch den Weissensteintunnel. Wer in Gänsbrunnen ankommt, fährt mit dem Zug durch den Tunnel zurück nach Oberdorf.

Lohnend ist ausserdem ein kurzer Abstecher zum Steinbruch zwischen Lommiswil und Oberdorf, wo versteinerte Dinosaurierspuren zu sehen sind. Der Steinbruch selbst ist wegen Steinschlaggefahr gesperrt, doch eine gesicherte Aussichtsplattform ermöglicht gefahrlose Blicke auf die Kalksteinwand mit den Dinosaurierfährten. Schautafeln informieren über die Entstehung der Spuren. Damals, vor 145 Millionen Jahren, stapften die Dinos allerdings nicht durch Schnee, sondern am Strand und unter Palmen umher.

Im Schnee mit «Sicht auf die Alpen»

Tiefer Winter im Jura: Von der Passhöhe Vue des Alpes nach Tête de Ran

Von der Passhöhe Vue des Alpes nach Tête de Ran

WT 1

🕐 2 ½ h

⊔⊔ 6 km

▲ -

Route Vue des Alpes (1283 m)–Tête de Ran (1329 m)–Vue des Alpes (1283 m)

Wanderzeit 2 ½ Std. ohne nennenswerte Anstiege

Tourencharakter/Schwierigkeit WT1. Leichte, 6 km lange Schneeschuhtour ab Passhöhe Vue des Alpes. Für Familien mit Kindern geeignet. Bei der Tourist-Information auf Vue des Alpes ist ein Faltblatt mit eingezeichneten Routen erhältlich. Pink markierter Trail

Varianten Leichte Rundtour von Vue des Alpes über La Chaux d'Amin (1371 m) und Montperreux (1373 m). Länge: 6 km, Wanderzeit: 2 ½ Std. Nahe der Fahrstrasse ist die Strecke Vue des Alpes–Tête de Ran auch als Winterwanderweg gepfadet. Länge: 5 km, Wanderzeit: hin und zurück ca. 2 Std.

Hinweise Kleines Büro von Tourisme neuchâteloise auf der Passhöhe La Vue des Alpes, geöffnet Mo bis Fr 10–12.15 Uhr und 13–16.30 Uhr, Sa/So 10–17 Uhr. Miete von Schneeschuhen möglich. Schlittelpiste bei Tête de Ran. Weitere Infos über Winterwandern/Schneeschuhlaufen bei Neuchâtel Tourisme (www.neuchateltourisme.ch)

Verpflegung/Unterkunft Hotel-Restaurant La Vue des Alpes (www.vue-des-alpes.ch); Hotel-Restaurant de Tête de Ran (www.restaurant-tete-de-ran.ch); Hotel La Clef des Champs, Tête de Ran (www.neuchevasion.ch); Restaurant Les Gümmenen (Tel. 032 853 22 34)

Karten Landeskarten der Schweiz 1:25 000, Blatt 1144 «Val de Ruz»

Anreise/Rückreise Mit dem Bus über Neuchâtel oder La Chaux-de-Fonds nach Vue des Alpes, Reservation Tel. 079 637 51 64, www.trn.ch.

Internetlinks www.tete-de-ran.ch
www.watchvalley.ch
www.chaux-de-fonds.ch
www.juratourisme.ch

Klingender Name – schöne Aussicht

«Gegen Abend war an einem Platze das Nebelmeer unbegrenzt, zur Linken in der weitesten Ferne zeigten sich sodann die Gebirge von Solothurn, näher die von Neuchâtel, gleich vor uns einige niedere Gipfel des Jura …» Johann Wolfgang von Goethe bewunderte auf seiner Schweizer Reise im Jahre 1779 nicht nur herrliche Aussichten von den Jurabergen, sondern sandte in seinen «Briefen aus der Schweiz» auch genaue Landschaftsbeschreibungen nach Weimar: «Die grosse Bergkette, die von Basel bis Genf Schweiz und Frankreich scheidet, wird, wie Ihnen bekannt ist, der Jura genannt. Die grössten Höhen davon ziehen sich über Lausanne bis ungefähr über Rolle und Nyon.»

Auf solch einer Anhöhe stehen wir nun, auf dem 1283 Meter hohen Passübergang Vue des Alpes. Er verbindet Neuchâtel mit La Chaux-de-Fonds, die Kantonshauptstadt mit der Uhrmacherstadt, und beeindruckt mit einem herrlichen Panorama. Bei schönem Wetter wird Vue des Alpes seinem Namen mehr als gerecht: Die Sicht auf die Alpen ist wahrlich grandios – Wetterhorn, Eiger, Mönch und Jungfrau, Weisshorn, Dent Blanche und Mont Blanc präsentieren sich dem Auge, und unten im Tal glänzt der Neuenburgersee.

Gerade einmal 139 Meter höher ist der Aussichtsgipfel Tête de Ran. Er ist, ebenso wie Vue des Alpes, Teil einer Gebirgskette, die sich vom Mont Racine über den Mont d'Amin bis zum Chasseral erstreckt. Alle diese Erhebungen versprechen eine schöne Rundumsicht, und der Tête de Ran ist von Vue des Alpes erst noch leicht erreichbar. Die rot-gelben Markierungen signalisieren: Hier führt der Jurahöhenweg durch, im Sommer eine herrliche Panoramawanderung. Im Winter sind die pinkfarbenen Wegweiser «Sentiers Raquettes» montiert. Ein markierter Schneeschuhtrail führt über die Krete, durch dichten Wald und über offenes Weideland.

Wandern auf Watte

Schneeschuhe können im kleinen Tourismusbüro auf der Passhöhe gemietet werden. Die Route ist perfekt für Einsteiger und auch für Fami-

lien mit Kindern bestens geeignet. Gleich zu Beginn geht es einige Meter bergauf, man quert die Skipiste und wandert am vollbesetzten Lift vorbei, mit dem die Skifahrer so bequem nach oben geschleppt werden.

«Die haben es gut» – der neidvolle Gedanke, der beim Anblick des Lifts aufkommt, währt nur kurz, denn schon taucht man ein in die Stille des winterlichen Jurawaldes. Sanft sinken die Schneeschuhe in den butterweichen Schnee ein, die Stöcke unterstützen beim Gehen, man wandert wie auf Watte. Die Tannen und Fichten tragen dicke weisse Kappen, von den Zweigen rieselt es wie Zucker, manchmal in den Kragen oder ins Gesicht.

«Chemin des crêtes», die gelb-roten Wegweiser des Jurahöhenweges sind zusätzliche Orientierung. Der Wald wird lichter, die Spuren führen über offenes Gelände. Blicke über die Jurahöhen werden frei, weit unten liegt eine Stadt, La Chaux-de-Fonds.

Nach ca. 1½ Stunden ist Tête de Ran erreicht. Es ist etwas einsamer als auf Vue des Alps, denn nur eine schmale Fahrstrasse führt hierher. Aber es gibt ein Hotel, ein Gasthaus und ein mindestens ebenso prächtiges Panorama wie von der Passhöhe. Markant ist der nahe Chasseral mit dem Sendemast. Auf der geräumigen Terrasse des Restaurants lässt man sich gerne nieder, geniesst die Wintersonne und einige Köstlichkeiten der Speisekarte. Vielleicht eine warme Suppe oder einen Käse aus dem Jura.

TIPP **Eine Reise durch die Geschichte der Zeit** Der Jurabogen gilt als «Wiege der Zeit» und die Uhrmacher des «Watch Valley» als Meister der Präzision. Das Uhrenmuseum in La Chaux-de-Fonds zeigt die Geschichte der Zeitmessung von ihren Anfängen bis zur Gegenwart. Ob Stand- oder Taschenuhren, Wanduhren oder ausgefallene Modelle: zu bestaunen sind über 3000 Objekte, in Szene gesetzt durch audiovisuelle Präsentationen und Multimediashows. Im Restaurierungszentrum für antike Uhren kann man den Uhrmachern gar bei ihrer Arbeit über die Schulter schauen. Informationen: Internationales Uhrenmuseum, Rue des Musées 29, 2301 La Chaux-de-Fonds, Tel. 032 967 68 61, www.mih.ch. Öffnungszeiten: Di bis So von 10–17 Uhr. Eintritt: Erwachsene Fr. 15.–, Kinder Fr. 10.–, Ermässigungen für Gruppen.

Wo Frankreich nicht weit ist

Wer noch höher hinauf möchte, steigt in wenigen Minuten auf den Gipfel des Tête de Ran (1422 Meter über Meer), wo der Blick bis weit hinüber nach Frankreich geht. Und man schaut zum Val de Ruz, zu Neuen-
burger- und Murtensee und über das Mittelland bis zur Hochalpenkette.
Neben Schneeschuhwanderern finden auch Langläufer den Weg nach
Tête de Ran, und Familien mit Kindern tummeln sich an den nahen
Schlittenhängen. Der Rückweg führt denn auch zunächst entlang des
Winterwanderweges «Chemin neigeux» zur Wirtschaft «Les Gümmenen». Hier könnte man schon wieder einkehren oder wenig spektakulär
dem Winterwanderweg folgen. Wer auch auf dem Rückweg die Stille
sucht, steigt einige Meter steil nach rechts hinauf und trifft wieder auf
den markierten Schneeschuhtrail.
Schneeschuhwandern kann süchtig machen. Ab Vue des Alpes führt
eine zweite, ebenfalls ausgeschilderte Rundwanderung nach La Chaux
d'Amin. Da wird es dann spät, bis man zurückkehrt wie einst der berühmte Wanderer im Jahre 1779: «Gegen viere langten wir in unserm
Wirtshaus an, und fanden ein Essen, wovon uns die Wirtin versicherte,
dass es um Mittag gut gewesen sei, aber auch übergar trefflich schmeck-
te.» Wir wissen nicht, wo Johann Wolfgang von Goethe einkehrte, vielleicht irgendwo ganz in der Nähe. Nach dieser aussichtsreichen Schneeschuhtour in der Kälte des Juras tritt man auf der Passhöhe jedenfalls
gerne ins Gasthaus ein und wärmt sich hinter den weissen Mauern des
«Hôtel de la Vue des Alpes».

Ein Platz an der Sonne

**Aussichtsreicher Balkon über dem Lac Léman:
Vom Panoramarestaurant «Le Kuklos» nach Leysin**

Vom Panoramarestaurant «Le Kuklos» nach Leysin

WT 1
🕐 2½ h
⊔⊔⊔ 8 km
▲▲ 785 m

Route Berneuse (2048 m)–
Tête d'Aï (1912 m)–Leysin

Wanderzeit 1 Std. mit 136 m Abstieg
bis Tête d'Aï oder 2½ Std. mit 785 m
Abstieg bis Leysin

Tourencharakter/Schwierigkeit WT1.
Leichte Schneeschuhtour vom Gipfel
der Berneuse über Tête d'Aï nach
Leysin. Auch mit Kindern geeignet. Ab
Tête d'Aï Talfahrt mit der Télésiège
möglich

Varianten Leichte bis wenig schwierige
Schneeschuhtouren, u. a.: Les Chamois
(1474 m)–Le Temeley (1705 m)–Mayen
(1842 m)–Tête d'Aï (1912 m) 10 km,
2½ Std.; Les Chamois (1474 m)–
Solacyre (1827 m) 6 km, 2 Std.; Prélan
(1345 m)–Prafandaz (1580 m) Leysin-
Feydey (1398 m) 5 km, 1½ Std. Tobog-
ganing Parc (1253 m)–Crettaz (1195 m)–
Les Esserts (1380 m) 6 km, 1½ Std.
Leichte **Winterwanderungen**, u. a.:
Leysin (1263 m)–Veyges (1113 m)–Les
Larrets (1223 m)–Leysin 6,5 km, 2 Std.;
Tour du Suchet (Rundwanderung Nähe
Eisbahn und Parc Animalier) 2,5 km,
50 Minuten; Leysin–Les Esserts/
Fabiola (1380 m)–Leysin Tourisme
3 km, 50 Minuten

Hinweise Télé-Leysin Betriebszeiten
von 9 bis 17 Uhr (www.teleleysin.ch).

Informationen über Veranstaltungen
und Touren, z.B. den «Pfad des kleinen
Trappers» (Schneeschuhtour für Kinder)
bei Leysin Tourisme. Geführte Touren
auch bei Bergsteigerschule Leysin
(www.guideservice.ch) und Schweizerische Skischule ESL (www.eslleysin.ch)

Verpflegung/Unterkunft Panorama-
Drehrestaurant Kuklos, Bergrestaurants
Mayen und Les Fers, Restaurants und
Hotels in Leysin

Karten Landeskarte der Schweiz
1:25 000, Blätter 1284 «Monthey»,
1285 «Les Diablerets»

Anreise/Rückreise Mit der Bahn bis
Aigle, weiter mit der Zahnradbahn nach
Leysin. Abfahrt ab Aigle stündlich zu
den vier Bahnhöfen Dorf, Vermont,
Feydey und Grand-Hotel (Fahrtzeit
35 Minuten). Während der Wintersaison
kostenloser Pendelbus im Dorf

Internetlinks www.leysin.ch
www.leysin-sports.ch.

Leysin: Gesund und über der Nebelgrenze

Der erste Fremde, der aus gesundheitlichen Gründen den Ort besuchte, kam im Jahre 1873 nach Leysin. Schon zuvor hatten die Talbewohner angeblich ihre Kinder in den hoch gelegenen Ort über der Nebelgrenze geschickt, da das dortige Klima die Heilung von Knochenerkrankungen und anderen Leiden förderte. Damals war der Zugang zum Dorf recht beschwerlich, nur ein steiler, vier Kilometer langer Fussweg führte von Aigle über Veyges hinauf. So steht es in der Geschichte von Leysin geschrieben.

1878 soll das erste Haus als Pension genutzt worden sein; zwei Jahre später wurden erste Sanatorien errichtet. 1892 entstand das Grand Hôtel, ein Sanatorium, das 120 Personen beherbergte und noch heute zu bestaunen ist. Der Zugang über die zwischenzeitlich gebaute Strasse Aigle–Le Sépey wurde ergänzt durch den Bau der Zahnradbahn von Aigle nach Leysin-Fedey, in Betrieb genommen 1897.

Zauberberge im Waadtland

Jean-Jacques Rousseau empfahl bereits anno 1764, die gesunde Alpenluft für Kuren zu nutzen, und 1789 veröffentlichte der englische Volkswirtschaftler Thomas Malthus seinen «Essay upon the principles of population», in dem er feststellte, dass die Dorfbewohner Leysins eine überdurchschnittliche Lebensdauer (61 Jahre) im Vergleich zu anderen Menschen in europäischen Orten besassen.

Rousseaus Rat und Malthus' Untersuchungen nahm sich im Winter 1903 ein gewisser Dr. Auguste Rollier zu Herzen. Er setzte die Sonne als Heilmittel bei Lungen- und Knochentuberkulose ein und verordnete seinen Patienten Liegekuren. In Leysin bestaunten die Patienten so ganz nebenbei die markanten Felstürme Tour d'Aï, Tour de Mayen und Tour de Famelon, welche die eindrückliche Kulisse des Dorfes bilden. Zauberberge also auch im Waadtland.

Insgesamt gab es in Leysin zu dieser Zeit 80 Kliniken. 37 davon boten die Heliotherapie bei Knochentuberkulose an, über 40 Kliniken behandelten Lungentuberkulose.

**Cool: mit Gummireifen
durch die Gegend sausen**

Schneeschuhe statt Sanatorien

Mit Ende des zweiten Weltkrieges ging auch die Ära der Sanatorien zu Ende. Antibiotika ersetzten die Sonnentherapie. Ab den fünfziger Jahren befand sich der Tourismus im Aufschwung. Das Grand Hôtel quartierte Feriengäste ein, und auch andere Sanatorien folgten diesem Beispiel. Heute ist Leysin ein bekannter Sommer- und Wintersportort mit 3560 Einwohnern aus 110 verschiedenen Nationen und mit vier internationalen Schulen.

Leysin besteht aus drei Teilen, verstreut auf einer nach Südosten ausgerichteten Terrasse, zwischen 1250 und 1400 Meter über Meer, hoch über dem Tal der Grande Eau, die bei Aigle in die Rhone fliesst. Oben liegen die ehemaligen Sanatorien und die Strässchen von Fedey, weiter unten das alte Dorf mit der Kirche Saint Nicolas und in der Mitte der geschäftige Ortskern mit dem Tourismusbüro, dem Centre Sportive Piscine und der Talstation der Télésiège Leysin.

Wer hoch hinaus und dem ultramodernen Glasbau «Le Kuklos» einen Besuch abstatten möchte, schwebt mit der Télésiège Leysin hinauf auf den Gipfel der Berneuse auf 2048 Meter Höhe. Unmittelbar neben der Bergstation erhebt sich ein imposantes Bauwerk, der silbern glänzende, abgeschrägte Zylinder des «Kuklos». Das Drehrestaurant – übrigens das einzige in der Welschschweiz – kreist in 90 Minuten einmal um die eigene Achse und spult dabei in Zeitlupe ein spektakuläres Panorama ab: vom Eiger zum Matterhorn, von den Diablerets bis zu den Jurahöhen, vom

TIPP Bahn frei! In Leysin ist das Tobogganing eine rasante Variante zum Schlitteln. Auf riesigen Gummireifen saust man durch eisige Kanäle – ein temporeiches Vergnügen für Jung und Alt. Da gibt es Minipisten für kleine Kinder und anspruchsvolle Bahnen mit Steilwandkurven für ältere Kids; Mutige stürzen sich vom 5 m hohen Startturm die präparierten Pisten hinunter. Wie in einer richtigen Bobbahn schiessen die Reifen durch die Kurven, garantieren Spass und Nervenkitzel. Laut Eigenwerbung ist der Tobogganing Parc von Leysin der grösste in Europa.

Preise: Erwachsene Fr. 22.–, Kinder von 6–15 Jahren Fr. 16.–, für Kinder unter 6 Jahren kürzere Pisten für Fr. 5.– pro Stunde. Informationen: Tobogganing Park Leysin, Tel. 024 494 28 88, www.tobogganing.ch.

Mont-Blanc-Massiv zu den Dents du Midi und bis hinab zu den Ufern des Genfersees.

Therapie weit weg vom Alltag

Vom Gipfel führt der pink signalisierte Schneeschuhtrail «Sentiers Raquettes» zwischen Skipiste und Slalomhang hindurch, hinab zum Freestyle-Park, in dem wagemutige Boarder durch die Lüfte fliegen. Welch eine Kulisse auf dem Weg zum eisbedeckten Lac d'Aï: Linker Hand erheben sich die Felstürme der Tour d'Aï und der Tour de Mayen, und gegenüber strahlen weiss gezuckerte Bergspitzen mit dem Chamossaire, einem weiteren Charakterberg über dem Tal der Grande Eau, um die Wette. «Buvette» steht auf dem Schild einer Alphütte, das wäre doch etwas. Buvettes sind kleine Bergrestaurants, die eine Auswahl regionaler Produkte wie Käse, Wurst oder hausgemachte Kuchen anbieten.

Wer es nach der wärmenden Suppe im Berggasthaus Mayen eilig hat, schwebt von der nahen Bergstation Tête d'Aï mit dem Sessellift hinab, wer sich eine gute Stunde Zeit nehmen kann, wandert auf dem markierten Schneeschuhtrail über Le Temely nach Leysin. Dabei versteht man, warum ausgerechnet hier einst Liegekuren und Sonnentherapien verordnet wurden. Wie früher den Patienten tun uns die klare Luft und die wärmende Sonne gut. Wandernd auf Schneeschuhtrails und Winterpfaden weit vom Alltag. Auch das ist Therapie.

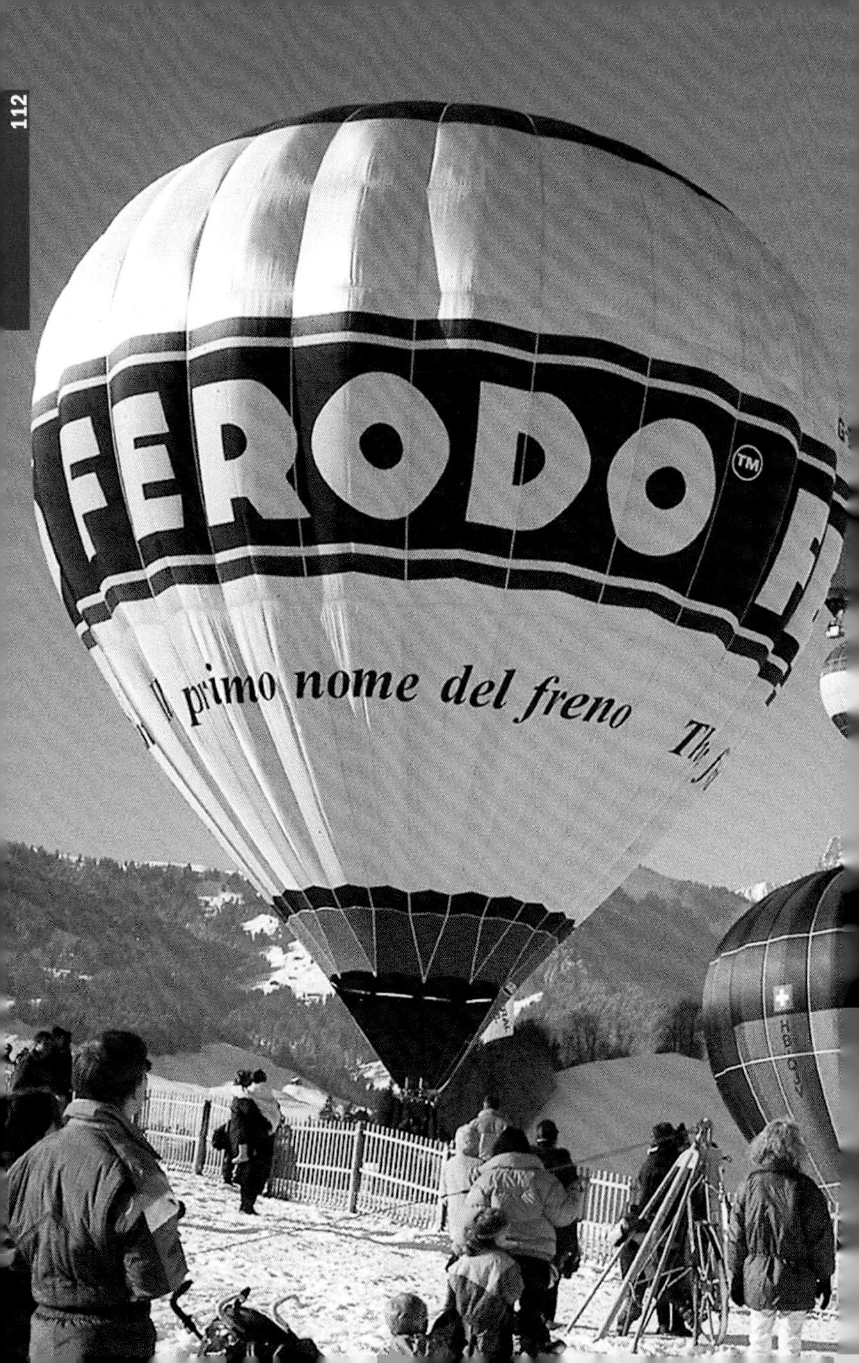
FERODO
primo nome del freno

Die Leichtigkeit des Seins

Farbenprächtiges Spektakel: Von Rougemont zur Internationalen Heissluftballonwoche nach Château-d'Oex

Von Rougemont zur Internationalen Heissluftballonwoche nach Château-d'Oex

🕐 2½ h

〽 8 km

▲▲ -

Route Rougemont (1007 m) – Gérignoz (949 m) – Pont Turrian (908 m) – Château-d'Oex (960 m)

Wanderzeit 2½ Std. ohne nennenswerte Höhenunterschiede

Tourencharakter/Schwierigkeit Leichte Winterwanderung entlang der Saane, von Rougemont nach Château-d'Oex. Pink markiert. Die Wanderung kann schon in Saanen begonnen werden, dann 1 Std. mehr Wanderzeit

Varianten Zweitagestour vom Simmental ins Pay d'Enhaut: am ersten Tag von Zweisimmen über Saanenmöser nach Schönried und weiter nach Saanen, ca. 4½ Std. Am zweiten Tag von Saanen nach Rougemont und weiter wie oben, ca. 3½ Std.
In Château-d'Oex mehrere mit Nummern versehene und pink markierte Winterwanderwege rund um das Dorf, z.B. Château-d'Oex – Le Mont-d'en Haut – Le Rosier – Château-d'Oex, 1½ Std.; Château-d'Oex – Les Chenolettes – Château-d'Oex, 1¼ Std.; Château-d'Oex – Rossinière, 1½ Std. Zwischen Rougemont und Gérignoz markierter Schneeschuhtrail, ebenso von Château-d'Oex bis Ramaclé, alle pink markiert, WT1. Weitere Trails bei Les Moulins – Monts Chevreuils, 2½ bis 3 Std.

Hinweise Die Heissluftballonwoche (www.festivaldeballons.ch) findet immer in der letzten Januarwoche statt; Ballon-Passagierflüge unter Tel. 026 924 25 20 (www.ballonchateaudoex.ch). Literaturtipps: Bertrand Piccard/Brian Jones: «Mit dem Wind um die Welt», Jules Verne: «Fünf Wochen im Ballon»

Verpflegung/Unterkunft Restaurants und Hotels in Rougemont und Château-d'Oex

Karten Landeskarten der Schweiz 1:25000, Blätter 1245 «Château-d'Oex» und «1246 Zweisimmen»

Anreise/Rückreise Mit der Bahn entweder über Spiez nach Zweisimmen und weiter mit der Montreux-Oberland-Bahn (MOB) oder über Fribourg – Bulle – Montbovon nach Château-d'Oex

Internetlinks www.chateau-doex.ch www.rougemont.ch; www.rossiniere.ch www.ballonchateaudoex.ch www.telechateaudoex.ch

Le Rubli oder Rüblihorn?

Rougemont, das klingt französisch. Und in der Tat, das Städtchen liegt nahe der Sprachgrenze. Nicht weit ist es ins Berner Oberland, nach Zweisimmen, Saanen oder Gstaad, nicht weit ist es aber auch nach Château-d'Oex, dem Hauptort des Pays-d'Enhaut. Dorthin führt diese

aussergewöhnliche Winterwanderung, findet doch «im Waadtländer Oberland» alljährlich im Januar die «Internationale Heissluftballonwoche» statt.

Der Name Rougemont kommt angeblich von der Farbe, in der die Felsen beim Sonnenuntergang leuchten. Im Winter jedoch ist alles weiss. Dächer, Wege, Bäume. Das Schloss und die Kirche stammen aus dem 11. Jahrhundert, wurden einst erbaut von Mönchen aus Cluny. Uralte Häuser stehen im Dorfzentrum, schöne Fassaden, verziert mit Jahreszahlen. Hinaus aus dem Dorf, hinein in die verschneite Winterlandschaft. Gemächlich, ohne nennenswerte Steigungen, verläuft der Weg. Da wandern auch Kinder mit oder lassen sich bequem auf dem Schlitten ziehen. Der Weg führt entlang der jungen Saane, die hier natürlich Sarine heisst.

Schon lange vor Château-d'Oex sind sie zu sehen, die bunten Heissluftballons am stahlblauen Winterhimmel. Die Kulisse darumherum könnte nicht grossartiger sein: Schneebedeckte Berggipfel, die ersten Häuser von Château-d'Oex, auf einem Hügel die Kirche. Mächtig ragen linker Hand wilde Felszacken in die Höhe: die Gummfluh und Le Rubli, zu Deutsch: das Rüeblihorn.

Alles nur heisse Luft

Unterhalb des Dorfes überquert man die Saane auf der Pont Turrian, einer leicht schwankenden, aber stabilen Hängebrücke. Ein kurzer Anstieg den Hang hinauf ist noch zu bewältigen, und schon stehen wir am Startplatz, an dem munteres Treiben herrscht.

Ballons in allen möglichen Farben liegen flach ausgerollt im Schnee, grosse Gasbrenner jagen mit lautem Getöse ihre Flammen in die schlaffen Nylonhüllen. Ein Fauchen wie aus vielen Drachenmäulern. Nicht nur

am Boden, auch in der Luft ist dieses Geräusch allgegenwärtig. Wuchtige Feuerstösse lassen allerhand Fantasiefiguren entstehen: einen lachenden Mund, eine Zeitung, eine Bierdose, einen schottischen Dudelsackbläser, aber auch Tierfiguren wie Fuchs oder Maus, eine Kuh mit Flügeln oder einen giftgrünen Drachen. Was für ein Schauspiel, wenn rund 100 Heissluftballons fast zeitgleich abheben und über den Köpfen des staunenden Publikums dahinschweben, den verschneiten Alpengipfeln zu!

Ballons, deren Form nicht an Ballons erinnert, haben Tradition. Schon Leonardo da Vinci liess 1513 zur Krönung von Giovanni de Medici zum Papst Heiligenfiguren aus Papier aufsteigen, nachdem er sie mit heisser Luft gefüllt hatte. Dieses Prinzip ist bis heute das gleiche. Heisse Luft ist eben leichter als kalte Luft.

Uralter Menschheitstraum

«Um neun Uhr kletterten die drei Reisegefährten in die Gondel. Der Doktor setzte seinen Apparat in Tätigkeit, die Flamme zischte auf und entwickelte rasch grosse Hitze. Nicht lange dauerte es, und der Ballon, der bisher nur das Gleichgewicht gehalten hatte, begann sich leicht zu heben.» Wovon Jules Verne in seinem Roman «Fünf Wochen im Ballon» noch träumte, das ist heute an Schönwettertagen längst ein gewohntes Bild: bunte Heissluftballons, die sich im azurblauen Himmel fast schwerelos vom Wind treiben lassen.

TIPP Zum Abheben ... Im Zentrum von Château-d'Oex öffnet der «Espace Ballon» seine Pforten. In diesem Museum erfahren Erwachsene und Kinder viel Wissenswertes über die Welt der Heissluftballons. Kinder blicken spielerisch hinter die Rätsel und Geheimnisse der «heissen Luft». Da gibt es kurzweilige Geschicklichkeitsspiele, werden Filme gezeigt und darf man in eine schwankende Ballongondel einsteigen. Packend erzählt wird die abenteuerliche Geschichte der Ballonfahrt von ihren Anfängen bis zum Nonstop-Flug von Bertrand Piccard und Brian Jones, die mit ihrem «Breitling Orbiter III» einmal rund um die Erde flogen. Öffnungszeiten je nach Saison (www.espaceballon.ch). Wieder im Freien, locken 6 markierte Schneeschuhtrails nach Les Paccots im Kanton Fribourg (www.les-paccots.ch).

Visionen hatten auch andere. Erinnern wir uns: Am 1. März 1999 bra-
chen der Schweizer Bertrand Piccard und der Brite Brian Jones in Château-d'Oex zu ihrer Nonstop-Fahrt um die Erde mit einem Heissluftbal-
lon auf. Knapp drei Wochen später landete ihr «Breitling Orbiter III»
glücklich in der ägyptischen Wüste. Ein uralter Menschheitstraum wurde
wahr: mit dem Wind um die Welt. Doch nicht nur wegen dieser Rekord-
fahrt wurde Château-d'Oex zum Wallfahrtsort der Ballonfahrer – das
aussergewöhnliche Mikroklima des Pays-d'Enhaut ist bekannt für gute
Flugbedingungen.

Während der Internationalen Heissluftballonwoche fahren Piloten aus
über 20 Nationen verschiedene Wettbewerbe wie Fuchs- und Hasenjagd
oder Zielscheiben- und Distanzfahrten. Und wer nicht nur staunen
möchte, sondern auch Lust verspürt, einmal mitzufahren, dem bieten
sich ausreichend Gelegenheiten, werden doch während des Ballonfesti-
vals erlebnisreiche Passagierfahrten angeboten. Ein aussergewöhnliches
Spektakel ist auch die Licht-und-Ton-Inszenierung am Abend, wenn die
Ballons, abgestimmt zur Musik, beleuchtet werden.

«Ja, ein Ballon, das ist eine Sache!» lässt Jules Verne einen seiner Hel-
den rufen, «man spürt gar nicht, wie es weiter geht, und die Natur ent-
rollt sich vor unserm Auge wie auf einem grossen Gemälde.» Das gilt
aber nicht nur für Ballonfahrer, sondern auch für Winterwanderer.

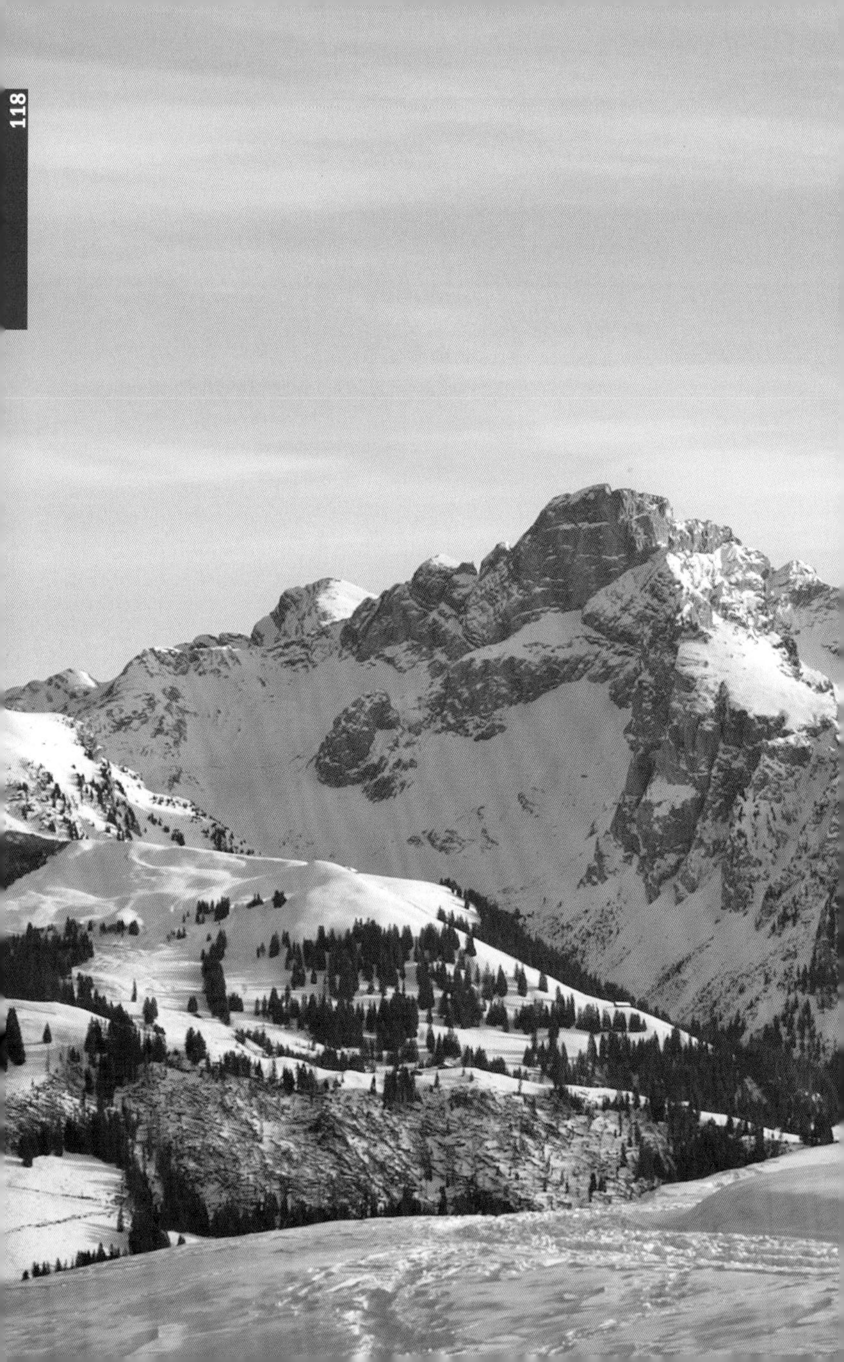

La Gruyère oder Greyerzerland?

**Schneeschuhwandern an der Sprachgrenze:
Vom Jaunpass zum Hundsrügg, von Jaun
zum Chalet du Régiment oder zum Chalet Neuf**

Vom Jaunpass zum Hundsrügg, von Jaun zum Chalet du Régiment oder zum Chalet Neuf

WT 1–2 / WT 1

🕐 ca. 5 h / 3 h

┗┻┛ ca. 12 km / 6 km

▲ >1100 m / 526 m

Routen Jaunpass (1504 m)–Skilift-endstation (1685 m)–Hürli/Grathütte (1800 m)–Hundsrügg (2046 m)– auf selbem Weg zurück
Jaun (1015 m)–Chalet du Régiment (1752 m)–Jaun (1015 m)
Vounetz Bergstation (1612 m)–Tissiniva (1474 m)–Chalet Neuf (1331 m)–Tissiniva Derrey (1371 m)–Vounetz (1612 m)

Wanderzeiten **Tour 1:** 5 Std. mit jeweils 550 m Auf- und Abstieg. **Tour 2:** 5 Std. mit je 737 m Auf- und Abstieg. **Tour 3:** 3 Std. mit je 281 m Auf- und Abstieg

Tourencharakter/Schwierigkeit Tour 1 WT 2, Touren 2 und 3 WT 1. Leichte, für Einsteiger geeignete Schneeschuhtouren. Jaunpass–Hundsrügg nicht markiert, aber meist gespurt. In Charmey alle Trails markiert

Varianten Vom Jaunpass auf das Bäderhorn 4 Std. mit jeweils 537 Höhenmeter Auf- und Abstieg, WT 3; markierter Trail ab Jaunpass über Zügwegen und Gross Bäder, 6 km, ca. 3 Std., WT1; geführte Schneeschuhtouren bei Lenk-Simmental-Tourismus. Weitere leichte Schneeschuhtrails ab Bergstation Vounetz

Hinweise Rapido Sky Charmey– Vounetz, Betriebszeiten von 8.30 bis 16.30 Uhr. Schneeberichte: Charmey

Tel. 026 927 55 89, Jaunpass
Tel. 033 773 64 44. Schneeschuhmiete auf dem Jaunpass und in Charmey.

Verpflegung/Unterkunft Restaurants, Ferienhäuser und Hotels auf dem Jaunpass und in Jaun und Boltigen, Chalet du Régiment (Tel. 026 929 82 35, www.leregiment.ch und www. chaletdusoldat.ch), Restaurant Vounetz. Hotels und Restaurants in Charmey.

Karten Landeskarte der Schweiz 1:25 000, Blätter 1225 «Gruyères», 1226 «Boltigen», 1246 «Zweisimmen»

Anreise/Rückreise Mit dem Postauto über Boltigen oder Jaun auf den Jaunpass. Mit der Bahn nach Bulle und mit dem Bus nach Charmey, weiter mit der Gondelbahn Rapido Sky nach Vounetz.

Internetlinks www.jaunpass.ch www.jaun.ch; www.lenk-simmental.ch www.charmey.ch; www.la-gruyere.ch www.fribourgregion.ch.

Im Lande des Gruyère

Die Freiburger Voralpen, französisch Préalpes Fribourgeoises, erstrecken sich über die Kantone Freiburg, Bern und Waadt. So ist in dieser Region das Winterwandern und Schneeschuhgehen auch immer ein Wandern entlang der Sprachgrenze zwischen Welsch und Deutsch. Greyerzerland oder La Gruyère? Auch kulinarisch wird einiges geboten im Land des gleichnamigen Käses. Diesen herzhaft-pikanten Hartkäse geniesst man natürlich auch rund um Jaun, in Charmey oder am Fusse der Gastlosen im Châlet du Régiment.

Der Jaunpass stellt die Verbindung vom Berner Oberländer Simmental ins Greyerzerland dar. Und auf der Passhöhe beginnt auch eine Schneeschuhwanderung, die für Einsteiger geradezu prädestiniert ist und oft begangen wird. Die Route auf den Hundsrügg, einen aussichtsreichen Voralpengipfel, folgt zunächst mässig steil der Skipiste bis zur Skiliftendstation. Dann wird es etwas einsamer, die Spur zieht sich hinauf zum ersten Zwischenziel, der Hütte auf Oberenegg, die an Wochenenden manchmal bewartet ist. Anschliessend führt die Route über den Kamm auf den Gipfel des Hundsrügg, mit grandioser Aussicht auf Gastlosen, Sattelspitzen, Wandfluh und Zuckerspitz, aber auch hinein ins Berner Oberland, zu den Bergen des Obersimmentals, zu Albristhorn, Wildstrubel und Wildhorn.

Die Tour vom Jaunpass über den Hundsrügg und weiter nach Saanenmöser ist im Sommer eine bekannte Panoramawanderung, erfreut sich aber auch im Winter bei Schneeschuhwanderern steigender Beliebtheit. Wer also noch Zeit und Kondition hat und nicht auf den Ausgangspunkt Jaunpass als Endziel angewiesen ist, kombiniert die Route mit einem Anstieg auf das Wannehörli oder einem Abstieg nach Saanenmöser.

Wilde Kalkzähne über dem Châlet du Régiment

Nach dieser Wanderung tauchen wir vollends ein ins Greyerzerland. Jaun ist die einzige deutschsprachige Gemeinde, hat jedoch auch einen französischen Namen: Bellegarde. Offensichtlich ist der Bezug zur Burgruine, welche einige Meter über dem Dorf thront. Ein kurzer Abstecher

hinauf zu den alten Mauerresten lohnt sich, nicht nur angesichts des schönen Blicks übers Tal, sondern auch der Informationstafeln wegen, die über das Panorama aufklären: links sind der Jaunpass mit Bäderhorn und Hundsrügg zu sehen, über dem Tal in Richtung Charmey die markanten Zacken von Dent du Bourgu, Dent du Chamois und Dent du Broc und vis-à-vis die Gastlosen und die Sattelspitzen mit ihren berühmten Kletterwänden, unter denen sich das Châlet du Régiment versteckt. Dort hinauf führt unsere nächste Schneeschuhtour.

Schöne Blicke bieten sich zum Euschelspass, der die Verbindung ins Gebiet Schwarzsee herstellt, hinüber zu Chörbli- und Schopfenspitz, zu Chällihorn, Schafberg und Kaiseregg. Dominierendes Landschaftselement ist jedoch die aus 61 Gipfeln und Nebengipfeln bestehende Kette der Gastlosen, wilde Kalkzähne, die sich linker Hand über dem Weg erheben.

Auch wenn die nahen Berge Gastlosen heissen, das geschichtsträchtige Châlet du Régiment ist ein gastfreundlicher Ort mit aussichtsreicher Sonnenterrasse auf 1752 Meter über Meer und gemütlichen Schlafplätzen unter dem Dach. Zum Abendessen eine «Soupe de chalet» oder ein Fondue moitié-moitié, ein Fondue «halb und halb», bestehend aus Greyerzer und Freiburger Vacherin, dazu ein feiner Tropfen aus der Region. Zum Dessert ein Flan au caramel oder ein Gâteau au chocolat. Was möchte man mehr?

TIPP Schwarzsee, La Berra und leckere Schoggi In unmittelbarer Nähe warten weitere Schneeschuhreviere auf Entdeckernaturen: 3 Trails locken nach La Berra (www.laberra.ch, www.gruyere-nature.ch). 50 km bezeichnete Wege gibt es am Moléson, einem herrlichen Aussichtsberg (www.moleson.ch). In der Region Schwarzsee wandert man von der Bergstation der Sesselbahn Riggisalp hinab nach Gypsera ans Ufer des malerischen Sees oder wählt die Route zum Zollhaus. Kleinere Kinder toben sich am Schlittelhang Lengels aus, grössere schlitteln von der Riggisalp hinunter (www.schwarzsee.ch). Nicht weit ist es nach Broc, wo man in der Schokoladenfabrik von Cailler bei einem Rundgang in die Geheimnisse der Schokoladenherstellung eingeweiht wird und leckere Sorten degustiert (www.cailler.ch).

Genusstouren über Charmey

Zurück in Jaun geht es talauswärts. Da fliesst der Jaunbach, französisch La Jogne, in den Lac de Montsalvens und anschliessend in den Greyerzersee, liegen im Tal idyllische Orte wie Im Fang und Charmey. Der Ort war lange Zeit wichtigstes Produktionszentrum für den Greyerzerkäse, heute dominiert vor allem der Tourismus. «Rapido Sky» nennt sich denn auch ganz futuristisch die Luftseilbahn, die hinauf zur Bergstation Vounetz im Gebiet der Dents Vertes schwebt. Sonnen- und schneehungrige Wanderer werden gleich von vier markierten Schneeschuhtrails empfangen. Da gibt es einen markierten Kids-Trail und zwei einfache Routen in Verbindung mit der Mittelstation.

Etwas weiter holt die Route über Tissiniva und das Chalet Neuf aus. Eine Runde, die zu Beginn mit herrlichen Aussichten über das Greyerzerland sowie auf die Gipfel der Waadtländer und Freiburger Alpen beeindruckt, gegen Ende mit einem herrlichen Finale im Schatten der Dents Vertes aufwartet. Wem es beim Anstieg nicht warm genug wird, taucht in Charmey in die neuen Gruyère-Bäder ein. Innen- und Aussenschwimmbecken mit Wasserspielen und Sprudelbänken, ein nordischer und ein orientalischer Bereich mit Saunas, Hammam und türkischen Bädern sorgen für Entspannung von Körper und Geist.

Im UNESCO-Welt-naturerbe Jungfrau-Aletsch-Bietschhorn

**Grossartige Schautour: Von der Bettmeralp
zur Moosfluh und über die Riederfurka zur Riederalp**

Von der Bettmeralp zur Moosfluh und über die Riederfurka zur Riederalp

🕐 3 h

⊢⊔⊣ 6 km

▲▲ 410 m

Route Bettmeralp (1950 m)–Golmenegg (1905 m)–Seilbahn auf Moosfluh (2335 m)–Hohfluh (2227 m)–Riederfurka (2065 m)–Riederalp (1925 m)

Wanderzeit 3 Std. mit 410 m Abstieg

Tourencharakter/Schwierigkeit Flach und ohne Schwierigkeiten von der Bettmeralp zur Riederalp, ab Golmenegg mit der Seilbahn zum Aussichtspunkt Moosfluh. Sensationelle Panoramawanderung über die Hohfluh zum Pro-Natura-Zentrum Aletsch. Gutes Schuhwerk erforderlich, Teleskopstöcke von Vorteil. Die Winterwanderwege sind pink markiert

Varianten Grosses Angebot an **Winterwanderwegen,** dank diversen Seilbahnen viele Varianten möglich, z.B.: Höhenweg Riederalp–Bettmeralp–Fiescheralp 3 Std.; Bettmeralp–Domo–Betten 2½ Std.; Betten Dorf–Goppisberg–Greich 1 Std. **Markierter Schneeschuhtrail** von der Riederalp über die Gopplerlücke zur Bettmeralp, 4 km, ca. 200 m Höhenunterschied, 2 Std.

Hinweise Seilbahnen Betten Tal–Betten Dorf–Bettmeralp von 6.20 bis 23 Uhr; Mörel–Greich–Riederalp von 6 bis 23.10 Uhr. Betriebszeiten der Seilbahnen auf Bettmeralp und Riederalp von 9 bis 16.15/16.30 Uhr. Pro-Natura-Zentrum Aletsch in der Wintersaison

Mi von 14 bis 16.30 Uhr geöffnet. Alpmuseum Riederalp, geführter Rundgang ab 5 Personen (www.alpmuseum.ch)

Schlittelwege Belalp–Platten 7 km, auch abends geöffnet, Bettmeralp–Betten 8 km, Fiescheralp–Lax 13 km

Verpflegung/Unterkunft Hotels und Restaurants auf Riederalp, Bettmeralp und Fiescheralp

Karten Landeskarten der Schweiz 1:25 000, Blatt 1269 «Aletschgletscher»

Anreise/Rückreise Mit der Bahn bis Visp oder Brig, weiter mit der Matterhorn-Gotthard-Bahn bis Mörel (Seilbahn zur Riederalp) oder Betten (Seilbahn zur Bettmeralp).

Internetlinks www.bettmeralp.ch www.riederalp.ch; www.belalp.ch www.brig-belalp.ch; www.fiesch.ch www.pronatura.ch/aletsch www.weltnaturerbe.ch/aletsch

23 Kilometer Eis am Stück

23 Kilometer Eis am Stück! Die Werbebot-
schaft ist eindeutig. Der Grosse Aletschgletscher ist der grösste und längste Eis-
strom in den Alpen. In Tausenden von
Jahren hat er die grandiose Hochgebirgslandschaft um Jungfrau, Aletsch- und
Bietschhorn geformt, die in der Liste der
UNESCO-Weltnaturerbe figuriert. Was im Sommer eine grossartige
Schautour verspricht, ist auch im Winter möglich: Wandern vor sensa-
tioneller Kulisse mit tiefen Einblicken ins eisige Herz des Weltnaturer-
bes. Möglich machen es die Seilbahn auf die Moosfluh und die Winterwanderwege zwischen der Bettmeralp und der Riederalp.
Schon die Anreise durchs Rhonetal mit den roten Wagen der Matterhorn-Gotthard-Bahn ist Erholung pur. Station Betten, aussteigen! Der
Zug hält direkt vor der Talstation der Luftseilbahn zur Bettmeralp. Die
Grossraumgondel transportiert alles und jeden hinauf: Gepäck und Le-
bensmittel, Skifahrer und Wanderer. Schliesslich sind Bettmeralp, Riederalp und Fiescheralp allesamt autofrei.

Heiss auf Eis

Schnee, soweit das Auge reicht, Sonne, blauer Himmel und ein breit ge-
spurter Weg – Winterwanderer werden auf der Bettmeralp freundlich
empfangen. Die Aletschpromenade ist eine flache Einstiegswanderung,
in wenigen Minuten bummelt man hinüber zur Talstation der Seilbahn
Golmenegg. Dann geht's bequem hinauf zur Moosfluh, dem eigentlichen
Ausgangspunkt und zugleich höchsten Punkt der Winterwanderung, auf
2335 Meter über Meer. Ein beeindruckendes Panorama! Weit unten Riederalp, Bettmeralp und das Rhonetal, in der Ferne Monte Rosa, Matterhorn und Weisshorn. Auf der Wanderung bergab zur Riederfurka kann
man die Aussicht auf die höchsten Schweizer Berge entspannt auf sich
wirken lassen. Doch trotz gut gespurten Pfaden: diese Winterwanderung
verläuft auf einer anspruchsvollen Höhe. Stabiles Schuhwerk ist ein
Muss, Teleskop- oder Skistöcke sind empfehlenswert.
Der Weg führt hauptsächlich an der Krete entlang, zeigt eindrückliche
Kontraste. Links die touristische Infrastruktur mit Pisten und Pipes, Lif-

ten und Bahnen, auf der rechten Seite der stille Aletschwald über dem Grossen Aletschgletscher. Elegant windet er sich an majestätischen Drei- und Viertausendern vorbei, wie dem Aletschhorn, dem Grossen Wannenhorn oder den Fusshörnern. Am 13. Dezember 2001 wurde die Region Jungfrau-Aletsch-Bietschhorn als erstes Gebiet im Alpenraum in die UNESCO-Weltnaturerbeliste aufgenommen. Neben dem Grossen Aletschgletscher bilden die Massive von Eiger, Mönch und Jungfrau und das markante Bietschhorn mit seinen Tälern das Herzstück des Welterbes.

Pro-Natura-Zentrum Aletsch

Viel Wissenswertes über Flora und Fauna der Aletschregion vermittelt das Pro-Natura-Zentrum Aletsch, das sich als Eingangstor zum Weltnaturerbe versteht. Im Sommer werden täglich Ausstellungen, Kurse, geführte Exkursionen und vieles mehr angeboten, im Winter ist das Naturschutzzentrum jeweils am Mittwochnachmittag geöffnet. Mit seinen Angeboten informiert das Zentrum seine Besucher über die Natur und die Belange des Naturschutzes, macht sensibel für die unmittelbare Umgebung. Untergebracht ist das Pro-Natura-Zentrum in der romantischen Villa Cassel, einst Sommerresidenz des englischen Bankiers Ernest Cassel. Die Jugendstilvilla thront auf dem Grat der Riederfurka, welche die jahrhundertealte Kulturlandschaft an den Südhängen des Rhonetals von der alpinen Naturlandschaft an den Nordhängen trennt.

TIPP Es brodelt im Hexenkessel... Im Januar findet auf der Belalp die verrückteste Volksabfahrt der Schweiz statt: In spektakulären Hexen-Verkleidungen sausen die Teilnehmer mit Ski und Besen die Piste hinab (www.belalphexe.ch). Gemächlicher sind Winterwanderungen von der Belalp zum Aletschbord und zur Alpe Bel. Mit der Sesselbahn fährt man auf Hohbiel (2680 m ü. M.) und wandert vorbei am Tyndalldenkmal zum Hotel Belalp (www.belalp.ch). Schlittelwege gibt es in Rosswald und Rothwald, ebenso drei Schneeschuhtrails (www.rothwald.ch). Ein Erlebnis ist ein Bummel durch die Alpenstadt Brig mit einem Besuch des Stockalperpalastes (www. brig.ch). Der Rhone entlang aufwärts laden im Goms elf markierte Schneeschuhtrails und Dutzende Kilometer Wanderwege zum Wintergenuss ein (www.goms.ch).

Gleich vor der Haustüre stehen im Aletschwald die ältesten Bäume der Schweiz, bis zu 600 Jahre alt. Zwischen den knorrigen Arven verstecken sich Hirsche und Gämsen, entdeckt man im Sommer auf Exkursionen eine vielfältige Tier- und Pflanzenwelt. Im Winter ist im Aletschwald alles ruhig, die Murmeltiere halten ihren tiefen Winterschlaf, mit Glück und Geduld entdeckt man vielleicht ein Schneehuhn oder putzige Eichhörnchen.

Gletschertor und Tynalldenkmal

Kurz ist der Abstieg zur Riederalp, mit Seilbahnanschluss nach Mörel ins Rhonetal. Wer weitere Ziele sucht, wird auf der benachbarten Belalp fündig. Das Aletschbord dort ist bekannt für seine Aussicht auf das Gletschertor des Aletschgletschers, hinab in die Massaschlucht und zum Gebidum-Stausee.

Noch schöner ist es eine Etage höher: Mit der Seilbahn schwebt man hinauf auf Hohbiel unterhalb des Sparrhorns. Spätestens beim Abstieg werden Wanderer mit dem Namen John Tyndall konfrontiert. Der irische Wissenschaftler lebte viele Jahre in seinem Haus auf der Belalp, stellte Forschungen über die Gletscherbewegungen an und wurde nebenbei zum leidenschaftlichen Bergsteiger. Sein Denkmal ist ein wunderschöner Platz mit Panoramasicht auf den Aletschgletscher, auf Matterhorn, Weisshorn und Monte Rosa. Ein Platz aber auch zum Nachdenken. Denn die Klimaerwärmung macht auch vor dem Grossen Aletschgletscher nicht Halt. Jährlich zieht sich dieser zwischen 30 und 75 Meter zurück.

Auf Spurensuche

Lehrreiche Runde:
Auf dem Schneeschuh-Themenweg «Spuren
im Schnee» von Visperterminen nach Bodma

Auf dem Schneeschuh-Themen-weg «Spuren im Schnee» von Visperterminen nach Bodma

WT 1
🕐 2 ½ h
⊔⊔ 1 km
▲ 600 m

Route Visperterminen (1336 m) – Bodma (1578 m) – Visperterminen (1336 m)

Wanderzeit 2 ½ Std. mit jeweils 300 m Auf- und Abstieg

Tourencharakter/Schwierigkeit WT1. Leichte Schneeschuhwanderung für Einsteiger, besonders für Familien mit Kindern geeignet. Informationstafeln am markierten Themenweg erzählen Wissenswertes über das Leben der Tiere im Schnee

Varianten «Rund um Visp» bietet über 100 km markierte Schneeschuhtrails, u.a. in Visperterminen: «Wasserleitu-Trail» Dorf–Ried–Bodma–Gugla–Muttji–Dorf 7,6 km, Höhendifferenz 300 m; «Kapellen-Trail» Giw–Wald-kapelle–Dorf 2,2 km, Höhendifferenz 600 m; «Panorama-Trail» Giw–Gebidum-pass–Gebidum–Gebidumpass–Giw 6 km, Höhendifferenz 350 m. Weitere Trails in Staldenried/Gspon, Bürchen, Unterbäch, Eischoll, Zeneggen, dem Turtmanntal (www.oberems.ch) und an den Hängen der sonnigen Halden zwischen Eggerberg und Mund (www.sonnige-halden.ch). Kulinarische Schneeschuhwanderungen mit Besuch von vier Hütten im Februar und März, Auskunft bei Visperterminen Tourismus, Tel. 027 948 00 48

Hinweise Sesselbahn Visperterminen–Giw Betriebszeiten von Dezember bis Ende März täglich von 9.15 bis 16.30 Uhr (www.heidabahn.ch)

Schlittelwege Schlittelweg von der Station Giw nach Visperterminen. Schlittenmiete Einzelfahrt Fr. 8.–, ½ Tag Fr. 15.–, 1 Tag Fr. 20.–

Verpflegung/Unterkunft Bergrestaurant Giw, Hotels und Restaurants in Visper-terminen, Staldenried/Gspon, Unter-bäch und Eischoll

Karten Landeskarten der Schweiz 1:25 000, Blätter 1288 «Raron», 1289 «Brig», 1308 «St. Niklaus» und 1309 «Simplon»

Anreise/Rückreise Mit der Bahn bis Visp, weiter mit dem Postauto nach Visperterminen

Internetlinks
www.visperterminen.ch
www.rund-um-visp.ch

Lockruf des Pulvers

«Tag für Tag, endlos kämpften sie sich vorwärts durch den weichen, ungebahnten Schnee. Bald ging der eine, bald der andere auf Schneeschuhen voraus, es war unablässige harte Mühsal. Der Staubschnee musste niedergepresst werden, und bei jedem Schritt sank der breite Schneeschuh zwölf Zoll tief ein.» Bei diesen Zeilen aus Jack Londons «Lockruf des Goldes» schlägt das Abenteurerherz höher. Wenn man dann selbst die Schneeschuhe anlegt, sich in Visperterminen auf den ersten Schneeschuh-Themenweg der Schweiz begibt und dabei erst noch frische Tierspuren entdeckt, ist bei Kindern und Erwachsenen gleichermassen das Interesse geweckt.

Der Themenweg «Spuren im Schnee» führt von Visperterminen nach Bodma. Tafeln am Weg geben viele Informationen über heimische Tiere und erläutern deren Verhalten im Winter. Eine lehrreiche Runde nicht nur für Kinder.

Reh und Schneehase, Eichhörnchen und Steinbock

«Der Winter ist für die Tiere eine Gratwanderung zwischen Leben und Tod. Ihr Überleben hängt vom Futterangebot ab, aber auch von den Störungen. Eine Flucht durch hohen Schnee kann für sie einen derart grossen Energieverlust zur Folge haben, dass sie den Winter nicht überleben. An regelmässig begangenen Routen können die Wildtiere sich hingegen gewöhnen.» Schon die erste Tafel macht sensibel für das Wandern durch verschneite Landschaften. Sie macht deutlich, wie wichtig es ist, markierte Trails nicht zu verlassen, um Wildtiere nicht aufzuscheuchen.

Schneeschuhwanderer dringen in Regionen vor, in denen auch Wildtiere ihre Spuren hinterlassen. Oftmals ist uns nicht bekannt, von welchem Tier die Spuren stammen, geschweige denn, wie es sich im Winter verhält. Eine Infotafel ist dem Reh gewidmet, dessen Spuren wir im Schnee leicht erkennen. Doch wer weiss schon, dass es beim Reh im Winter organische Veränderungen in der Verdauung gibt, so dass die Nahrungsaufnahme eingeschränkt wird und das Reh weniger Zeit mit

der Futtersuche in kalter Umgebung verbringen muss?

Solche Informationen machen neugierig auf mehr, und Hunger bekommt man auch in der frischen Luft. Der Pfad führt hinein in den Wald, quert einen zugefrorenen Bergbach, steigt an zu einem schönen Rastplatz mit Bänken und Tischen. So ganz nebenbei erfahren wir Wissenswertes über Alpenschneehase, Eichhörnchen und Alpensteinbock.

Lesen und lernen

Die Route führt hinaus zu den Alphütten von Bodma, mit herrlichen Blicken ins Rhonetal und hinüber zum Bietschhorn. Wandern und schauen, lesen und lernen. Die Runde ist kurzweilig und informativ, der Tannenhäher ein Phänomen. Er zieht, im Unterschied zu anderen Bergvögeln, nicht in den Süden, sondern bleibt in seinem Revier. Dies ist nur möglich dank einem riesigen Lager mit Wintervorräten: pro Jahr sammelt der Tannenhäher bis zu 100 000 Arvennüsschen. Diese versteckt er im Herbst portionenweise und fliegt im Winter jeden Tag zielstrebig mehrere Verstecke an, um davon zu zehren und die kalte Jahreszeit zu überstehen. Sein Erinnerungsvermögen ist enorm – bereits geleerte Verstecke werden fast nie ein zweites Mal angeflogen.

Rothirsch und Gämse, Steinmarder und Rotfuchs begleiten uns auf dem Weg durch den Wald hinab nach Visperterminen. Das Dorf am Taleingang des vorderen Vispertales besitzt nicht nur den ersten Schnee-

TIPP Wilde Gestalten und hohe Wege 60 km gespurte Winterwanderwege bietet die Region um Visp. Das Gebiet Hellela zwischen Bürchen und Zeneggen wartet mit herrlichen Naturlandschaften auf, für Tempo sorgt der 5,5 km lange Schlittelweg Moosalpe–Bürchen (www.buerchen.ch, www.zeneggen.ch). Walliser Panoramen bescheren die Wanderungen von der Brandalp nach Unterbäch (www.unterbaech.ch), von Striggen nach Eischoll (www.eischoll.ch) und in Gspon (www.staldenried.ch). Nicht weit ist es ins Lötschental mit seinem lebendigen Brauchtum. Während der Fastnachtszeit jagen wilde Gestalten mit furchterregenden Holzmasken durch die Dörfer. Unter dem Hockenhorn verläuft der höchste Winterwanderweg Europas, und mit dem Schlitten saust man von der Lauchernalp nach Wiler und Kippel (www.loetschental.ch).

schuhthemenweg der Schweiz, sondern auch den höchstgelegenen Weinberg Europas. An den Ufern der Vispa wachsen Rebstöcke, die sich auf engstem Raum über Terrassen mit Trockensteinmauern hinaufziehen bis auf 1150 Meter über Meer. Das Markenzeichen von Visperterminen ist der Heida, ein vorzüglicher Weisswein, produziert werden aber auch Fendant, Pinot Noir und Dôle. Probieren lassen sich die edlen Tropfen in den Restaurants der Region. Nach einer Schneeschuh- oder Winterwanderung oder einem gemütlichen Bummel durchs Heidadorf.

Noch mehr Trails

Wo sonst, wenn nicht in der Schneeschuh-Erlebnisregion des Oberwallis, darf man sich wie die Trapper und Indianer fühlen? Die Region «Rund um Visp» bietet über 100 Kilometer markierte Schneeschuhtrails. Schneeschuhe waren von alters her in vielen schneereichen Gebieten üblich. Fast jeder indigene Stamm Amerikas war im Winter auf Schneeschuhen unterwegs. Ob die Inuit oder die Cree-Indianer – jeder Stamm entwickelte eine eigene Art von Schneeschuhen. Auch die ersten Trapper, welche die Weiten Kanadas und Amerikas durchstreiften, waren auf Schneeschuhen unterwegs. Freilich haben die Schneeschuhmodelle von heute wenig mit ihren nostalgischen Vorgängern gemeinsam. Plastik und Aluminium dominieren. Indianer, Eskimos und Trapper marschierten noch mit Modellen aus gebogenem Holz mit Tierhaut- und Sehnenbespannung durch den Tiefschnee. Heute sind Schneeschuhe leichter, griffiger, wartungs- und bedienungsfreundlicher, die Bindungen stabiler und robuster. Aus dem Hilfsmittel für die Jagd ist längst ein modernes Sport- und Freizeitgerät geworden.

Hochalpines Wintererlebnis

**Eine Hütte auf 3000 Meter über Meer:
Von Saas Fee zur Britanniahütte**

Von Saas Fee
zur Britanniahütte

⊙ 2½–3 h
⎣⎽⎦ 1 km
▲▲ 260 m

Route Saas Fee (1800 m)–Bahn bis
Felskinn (2989 m)–Egginerjoch
(2989 m)–Chessjengletscher–Britanniahütte (3030 m)–auf selbem Weg zurück

Wanderzeit 2½ bis 3 Std, mit jeweils
130 m Auf- und Abstieg

Tourencharakter/Schwierigkeit
Einfache Winterwanderung auf markier-
tem Weg in hochalpinem Ambiente.
Auch mit Schneeschuhen begehbar. Von
der Britanniahütte Abstecher auf den
Aussichtsberg Klein-Allalin (3070 m)
möglich, Zeitaufwand ca. ½ Std. Der
Winterwanderweg ist meist ab Mitte
März, analog den Bewartungszeiten der
Britanniahütte, geöffnet

Varianten Saas Fee und das Saastal
bieten ca. 60 km Winterwanderwege,
u.a. Saas Fee–Hannigalp 2 Std.; Saas
Almagell–Mattmarkstausee–auf selbem
Weg zurück 3½ Std. Geführte Touren
über das Tourismusbüro, z.B. Schneeschuhlaufen, Nachtwandern, Gletscher-
trekking, Winter-Nordic-Walking,
Dorfrundgänge mit Walsergeschichten

Hinweise Alpin Express und Luftseilbahn Saas Fee–Felskinn Betriebszeiten
von 8.30 bis 16.16/16.30 Uhr (www.
saas-fee.ch/bergbahnen). Schnee- und
Pistenbericht: Tel. 027 958 11 02. Karte
mit diversen Touren bei Saas-Fee-
Tourismus erhältlich

Schlittelwege Hannig–Saas Fee 5 km;
Kreuzboden–Saas Grund 11 km;
Furggstalden–Saas Almagell 3 km;
Tageskarten Erw. Fr. 19.– bis 32.–,
Kinder Fr. 12.– bis 24.–. Nachtschlitteln
zu speziellen Zeiten möglich. Schlitten-
miete bei den Bergbahnen oder den
Sportgeschäften im Saastal

Verpflegung/Unterkunft Britanniahütte
SAC, bewartet von März bis Mai, genaue Zeiten unter Tel. 027 957 22 88
und 027 957 23 45 (www.britannia.ch);
Restaurant Felskinn. Hotels und
Restaurants in Saas Fee, Saas Grund
und Saas Almagell

Karten Landeskarten der Schweiz
1:25 000, Blätter 1328 «Randa»,
1329 «Saas»

Anreise/Rückreise Mit der Bahn bis
Visp oder Brig, weiter mit dem Postauto
nach Saas Fee. Mit Seilbahn oder Alpin
Express zur Station Felskinn.

Internetlinks www.saas-fee.ch
www.saastal.ch

Ein alter Wallfahrtsweg

«Wir gingen diesen Weg zum erstenmal, in einer kaum erklärlichen, wachsenden Bewegtheit, wie man sie sonst bei Ausflügen, auch in einer neuen, erregenden Landschaft, selten empfindet – als hätten wir ein Vorgefühl, dass uns dort oben etwas ganz Ungeahntes, Wunderbares erwarte.» Carl Zuckmayer wanderte im Jahre 1938 den Kapellenweg von Saas Grund nach Saas Fee hinauf, denn damals «gab es noch keine Fahrstrasse – nur einen Saumpfad, auf dem Post, Gepäck, Material, Hotelbedarf, auch gehschwache Besucher mit Maultieren hinaufgelangten…»
Seither hat sich einiges geändert im Saastal. Saas Fee ist ein sehr gut frequentierter Tourismusort und natürlich längst durch eine Strasse mit Saas Grund verbunden – doch Autos bleiben draussen aus dem Dorf. Das ist nicht nur angenehm für Fussgänger, sondern auch fast so etwas wie ein Stück Vergangenheit in unserer schnelllebigen Welt. Apropos: der Kapellenweg zählt noch immer zu den beliebtesten Wanderungen in Saas Fee, im Sommer wie im Winter.

Superlative auf dem Mittelallalin

«Dann biegt man, schon auf der Höhe der Ortschaft, um eine Felsenecke und steht ganz plötzlich vor einem Anblick, wie er mir nie und nirgends begegnet ist. Man steht am Ende der Welt und zugleich an ihrem Ursprung, an ihrem Anbeginn und in ihrer Mitte. Gewaltiger silberner Rahmen, im Halbrund geschlossen, nach Süden von Schneegipfeln in einer Anordnung von unerklärlicher Harmonie, nach Westen von einer Kette gotischer Kathedralentürme. Zuerst kann man da nur hinaufschauen, es verschlägt einem den Atem.» Keiner beschreibt den alpinen Rahmen Saas Fees so eindrücklich wie Carl Zuckmayer, der im Gletscherdorf seine letzten Jahre verbrachte. 13 Viertausender stehen da Spalier, darunter so markante Gipfel wie Allalinhorn, Alphubel, Täschhorn oder Dom, höchster Berg auf Schweizer Boden.
Ein sensationelles Panorama, gewiss; doch Winterwandern im Angesicht dieser mächtigen Eisriesen? Aber ja doch! Der hochalpine Winterwanderweg zur Britanniahütte, die auch im Winter bewartet ist, macht's mög-

lich. Zum Ausgangspunkt, der Station Felskinn auf 3000 Meter über Meer, schwebt man mit dem «Alpin Express» von Saas Fee herauf. Eine Etage höher steht auf dem Mittelallalin das welthöchste Drehrestaurant auf 3500 Meter. Mit der unterirdischen Standseilbahn «Metro Alpin» erreicht man nicht nur das Drehrestaurant, sondern auch den grössten Eispavillon der Welt. In einer über 5500 m³ grossen Eisgrotte enthüllen die Gletscher ihre Geheimnisse, geben Antworten auf so manche Fragen: Wie sieht ein Gletscher von innen aus? Wie tief reichen die Gletscherspalten in das ewige Eis hinein? Die Fahrt hierher lohnt vor oder nach der Winterwanderung. Das Eintauchen in die abenteuerliche Welt der Feegletscher ist ein beeindruckendes Erlebnis für Kinder und Erwachsene.

Einfach hierbleiben

Der Weg zur Britanniahütte ist gut markiert und in seinem Verlauf gegeben. Über das Egginerjoch und den Chessjengletscher steigt man hinauf zur beliebten SAC-Hütte. Bereits im Jahre 1912 wurde die erste Hütte gebaut, ein Holzbau mit insgesamt 34 Schlafplätzen, wie in der Hüttengeschichte nachzulesen ist. In den Jahren 1929 und 1951 wurde die Hütte jeweils erweitert und vergrössert und 1997 renoviert. Heute ist die Britanniahütte der SAC-Sektion Genf die meistbesuchte SAC-Berghütte der Alpen, verfügt über 134 Schlafplätze, drei Essräume sowie über moderne Sanitär- und technische Anlagen.

TIPP Mit Wucht durch die Schlucht Ein eiskaltes Wintererlebnis bietet die wild zerklüftete Feeschlucht zwischen Saas Fee und Saas Grund. Begleitet von einem Bergführer, durchsteigt man mittels Tyroliennes, Hängebrücken, Leitern, Eisenstiften und Stahlseilen die zu Eis erstarrte Schlucht, erlebt gefrorene Wasserfälle und eine bizarre Felslandschaft (www.weissmies.ch und www.mountain-life.ch). Zwei Snowtubing-Anlagen sorgen in Saas Grund und Saas Almagell für Spass, und auf den Eisbahnen von Saas Fee kann man sich im Curling, Eisstockschiessen und Eislaufen versuchen. Eis ist auch das Thema auf dem Mittelallalin. Auf 3500 Meter ü. M. wandert man durch die grösste Eisgrotte der Welt. Im Saaser Museum wandelt man auf historischen Spuren und bestaunt das Arbeitszimmer von Carl Zuckmayer.

Nach einem Teller heisser Suppe und einer leckeren Rösti ist vor dem Rückweg ein kurzer Abstecher hinauf zum Aussichtsberg Klein Allalin verlockend, der sich direkt neben der Hütte erhebt. Meist führt eine Spur hinauf zum höchsten Punkt auf 3070 Meter. Ist das Panorama schon während der gesamten Winterwanderung einsame Klasse, so ist die Aussicht vom Klein Allalin schlichtweg sensationell. Der Gipfelkranz von Saas Fees spektakulären Viertausendern ist zum Greifen nah, tief unten liegt der Mattmarkstausee und dahinter beginnt schon Italien.

Auf der Sonnenterrasse beim Restaurant Felskinn geniessen wir noch einen Kaffee, schweben dann mit der Seilbahn hinab nach Saas Fee und schauen vom Dorf noch einmal hinauf zur Gletscherwunderwelt. Zugegeben, etwas wehmütig, wie einst schon Carl Zuckmayer und seine Begleiter: «Überall von den Bastionen der Gletscher ziehn sich die schaumweissen Bänder der Bergbäche hinab, deren Rauschen und Läuten die Luft erfüllt und die Stille vertieft […] Wir konnten, nach dem ersten heiligen Schreck, mit dem uns dieser Anblick durchfuhr, noch lange nicht sprechen, nur tief atmen […] ‹Hier›, sagte dann einer von uns, ‹wenn man hier bleiben könnte!›»

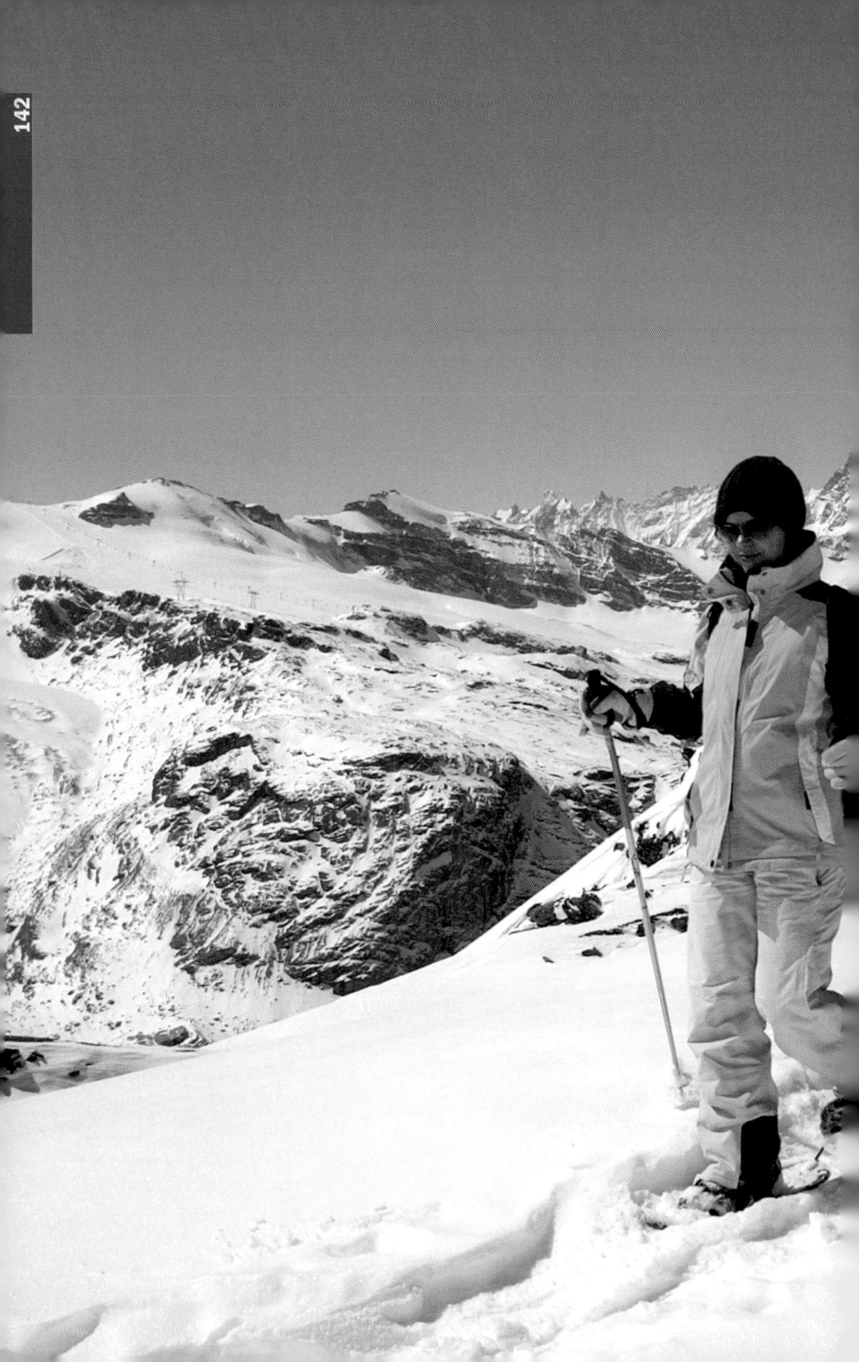

Im Banne des Matterhorns

**Inmitten von 29 Viertausendern über Zermatt:
Vom Gornergrat nach Riffelberg**

Vom Gornergrat nach Riffelberg

WT 2
🕐 3 h
└┴┘ 4,5 km
▲▲ 507 m

Routen Schneeschuh-«Challenge Trail» Gornergrat (3089 m)–Rotenboden (2815 m) und «Panorama Trail» Rotenboden (2815 m)–Riffelberg (2582 m)

Wanderzeit Gornergrat–Rotenboden 1 Std. mit 274 m Abstieg, Rotenboden–Riffelberg 2 Std. mit 233 m Abstieg

Tourencharakter/Schwierigkeit Gornergrat–Rotenboden mittel, WT2; Rotenboden–Riffelberg leicht, WT1. Zwischen Dezember und April markiert, jedoch nicht gespurt und nicht täglich kontrolliert. Keine Warnung vor Naturgefahren wie Lawinen oder Steinschlag. Begehen der Wege auf eigene Verantwortung. «Panorama Trail» auch als Winterwanderung möglich, pink markiert. Winterwandertickets erhältlich

Varianten Über 45 km **Winterwanderwege** in Zermatt, Täsch und Randa, u.a. Zermatt–Findeln–Sunnegga 2 Std.; Blauherd–Fluhalp 1 Std.; Zermatt–Moos–Blatten–Zum See–Furi 1 ½ Std. **Schneeschuhtrails:** «Discovery Trail» (Riffelalp–Grünsee–Findeln–Winkelmatten) 2 ½ Std., «White Magic Trail» (Schwarzsee–Hermetje–Furi) 2 Std.; «Nordwand Trail» (Schwarzsee–Stafelalp–Furi) 3 Std., alle mittel und mit pinkfarbigen Stangen markiert. Geführte Touren beim Alpine Center Zermatt (www.alpincenter-zermatt.ch)

Hinweise Gornergratbahn Zermatt–Findelbach–Riffelalp–Riffelberg–Rotenboden–Gornergrat Betriebszeiten von 7.10 bis 19.57 Uhr, letzte Talfahrt ab Riffelberg 22.58 Uhr (www.gornergrat.ch, www.bergbahnen.zermatt.ch). Schneeinformation: Tel. 027 966 01 05

Schlittelwege Rotenboden–Riffelberg, Schlittenmiete bei der Station Rotenboden oder in Sportgeschäften in Zermatt

Verpflegung/Unterkunft Hotels und Restaurants auf Gornergrat, Riffelberg und Riffelalp und in Zermatt

Karten Landeskarten der Schweiz 1:25000, Blätter 1328 «Randa», 1347 «Matterhorn», 1348 «Zermatt».

Anreise/Rückreise Mit der Bahn bis Visp oder Brig, weiter mit der Matterhorn-Gotthard-Bahn nach Zermatt

Internetlinks www.zermatt.ch www.mgbahn.ch

Spektakulärer Logenplatz

«Das Matterhorn bleibt immer gleich imposant, von welcher Seite man es auch sieht. Gewöhnlich sieht es niemals aus, und in dieser Beziehung, wie auch hinsichtlich des Eindrucks, den es auf den Be- schauer macht, steht es unter den Bergen fast allein da. Es hat in den Alpen keinen und in der Welt wenige Nebenbuhler.» Wer dies sagt, muss es wissen. Edward Whymper schrieb am Matterhorn Alpingeschichte. Er unternahm zahlreiche Besteigungsversuche, ehe ihm endlich, am 14. Juli 1865, die ersehnte Erstbesteigung gelang. Sein Buch «Scrambles amongst the Alps» ist ein Klassiker der Alpinliteratur.

Es gibt viele passende Orte rund um Zermatt, um das Matterhorn aus ehrfürchtiger Distanz zu betrachten. Doch den Gornergrat kann man ohne Übertreibung als einen der spektakulärsten und grossartigsten Aussichtpunkte in den Alpen bezeichnen. Er ist selbst im Winter ein perfekter Logenplatz und für leidenschaftliche Fussgänger ein hoch gelegener Ausgangspunkt für herrliche Wanderungen. Zwei markierte Schneeschuhtrails und ein Winterwanderweg führen hinab nach Riffelberg.

Challenge und Panorama

«Es war noch früh im Jahr, und das Matterhorn, das sein Winterkleid noch trug, hatte mit dem Matterhorn des Sommers wenig Ähnlichkeit…» Nicht nur das Matterhorn zeigt sich winters in strahlendem Weiss, 29 Viertausender bestaunt man von der Aussichtsplattform des Gornergrats, auf 3131 Meter über Meer. Seit über 100 Jahren fährt die Gornergratbahn über Brücken, durch Tunnels und Galerien die 9339 Meter lange Strecke hinauf.

Nordend, Dufourspitze, Parrotspitze und Liskamm stehen Spalier, Monte-Rosa- und Zwillingsgletscher fliessen herab. Castor und Pollux mit dem Zwillingsgletscher schliessen sich an, danach Schwärzengletscher, Breithorn und Klein Matterhorn mit Breithorn-, Triftji- und den beiden Theodulgletschern, die einem Eismeer gleich das Matterhorn umschmeicheln. Eine atemberaubende Hochgebirgslandschaft, die vollendet wird vom mächtigen Gornergletscher.

Von diesem Panorama kann man sich nur schwer trennen, doch wer die Schneeschuhe anschnallt und bergab wandert, dem sei versprochen: das Panorama vom Monte-Rosa-Massiv bis zum Matterhorn begleitet Wanderer auf Schritt und Tritt. «Challenge Trail» heisst der Schneeschuhweg, der auf dem Gornergrat beginnt. «Challenge» bedeutet Herausforderung, und eine Herausforderung ist der mittelschwere Weg denn zunächst auch für den Orientierungssinn. Doch wer sich immer links der Bahnlinie hält, entdeckt bald die pinkfarbenen Stangen, die sicher hinableiten zur Station Rotenboden.

Alpine Geschichte erleben

«Panorama Trail» – es könnte keinen passenderen Namen geben für die Wegstrecke von Rotenboden bis nach Riffelberg, die sowohl als Schneeschuhtour wie auch als Winterwanderung begangen werden kann. Über dem Wanderweg erheben sich Breithorn und Klein Matterhorn, doch ständiger Blickfang und immer im Fokus ist das Matterhorn.

Auf diesen Gipfel der Sehnsucht stiegen sie also damals hinauf, in jenen Tagen im Juli des Jahres 1865, im Wettlauf um die Erstbesteigung. Edward Whymper gegen seinen Rivalen und einstigen Seilgefährten Jean-Antoine Carrel, der mit einer italienischen Expedition von der italienischen Seite heraufkletterte. Whymper mit seinem Bergführer Croz und fünf weiteren Gefährten waren zwar etwas schneller oben, die Ge-

TIPP Das Matterhorn aus Afrika? Das «Matterhorn Museum» lädt ein zu einem Rundgang durch die Zermatter Geschichte. Da taucht man ein ins 19. Jahrhundert, in die Welt der Bergbauernfamilien, der Säumer, Bergführer und ersten Touristen – noch ohne Bergbahnen und Skilifte. 14 begehbare Häuser wecken die Neugierde, ebenso der «Forschungscontainer» und der «Matterhornraum» mit wandlungsfähigem und multimedialem Matterhorn. Und wer weiss schon, dass das Matterhorn eigentlich afrikanischen Ursprungs ist? Natürlich erfährt man auch alles über den berühmten, aber tragischen Wettlauf um die Erstbesteigung zwischen Edward Whymper und Jean-Antoine Carrel. Zu sehen sind Ausrüstungsgegenstände aus der damaligen Zeit (www.matterhornmuseum.ch).

schichte, wir wissen es, endete jedoch tragisch: Beim Abstieg stürzten die vorderen vier von Whympers 7er-Seilschaft über die Nordwand tödlich ab. Leider wahre Gänsehautgeschichten. Wer mehr davon erfahren möchte, besucht im Zentrum von Zermatt das neue Matterhorn-Museum, in dem selbst das gerissene Seil der Erstbesteigung ausgestellt ist.

Das Matterhorn ein Zuckerhut?

Der «Panorama Trail» eröffnet nicht nur eindrückliche Matterhornblicke, sondern auch schöne Aussichten auf das Bergpanorama nordwestlich von Zermatt: Obergabelhorn und Wellenkuppe, Weisshorn und Zinalrothorn. Der Trail endet vor der steinernen Fassade des Hotels Riffelberg, das ebenso wie das Hotel Riffelalp eine bewegte Geschichte hinter sich hat. Nebenan stoppt fahrplangenau die Gornergratbahn, Gelegenheit zur Talfahrt.

Es bleibt noch Zeit für einen Bummel durch das alte Zermatt. Typisch sind die Speicher mit ihren Steinplatten, und wie in Saas Fee bleiben auch in Zermatt die Autos ausserhalb des Dorfs. Das Label «autofrei» macht Lust zum Flanieren. Die Bahnhofstrasse entlang, wo in den Schaufenstern Matterhorn-Souvenirs aller Art angeboten werden, bis zum Bergsteigerfriedhof neben der Kirche, der tragische Geschichten erzählt. Von der Kirchbrücke aus zeigt sich das Matterhorn in seiner typischen, wohl bekanntesten Form. Edward Whymper nannte es einmal «einen Zuckerhut, dessen Spitze schief steht».

Jochen Ihle (1962)

schreibt und fotografiert als freier Autor für
Wander- und Bergzeitschriften sowie Buch-
verlage. Seine Themenschwerpunkte sind
Wandern, Trekking und Klettersteige. Er wohnt
in Spiez im Berner Oberland und ist das ganze
Jahr über dem «Erlebnis Berg» auf der Spur.
Im Werd-Verlag sind von ihm bereits die
erfolgreichen Bücher «Erlebniswanderungen
mit Kindern» und «Alpinwanderungen Berner
Oberland» erschienen.

Bildnachweis

Alle Fotos von Jochen Ihle, ausgenommen:

Engelberg-Titlis Tourismus:
Seite 1, 3, 4, 46/47, 49, 50, 51,
Umschlagbild vorne sowie hinten (rechts)

Davos Tourismus: Seite 16/17, 19, 21

Rhätische Bahn: Seite 28/29, 32

Bergün Tourismus: Seite 33

Gotthard-Oberalp-Arena: Seite 38

Adelboden Tourismus: Seite 75

Grindelwald Tourismus: Seite 86

Uhrenmuseum La Chaux-de-Fonds: Seite 104

Leysin Tourism: Seite 109

Jürg Krattiger, Visperterminen:
Seite 130/131, 134, 135

Fotos Umschlag

Vorne:
Mit Schneeschuhen auf der Gemmipassroute
zwischen Kandersteg und Leukerbad (Tour 9).

Hinten:
Links: Vor der Britanniahütte hoch über
Saas Fee (Tour 21)
Mitte: Schlitteln am Nätschen bei Andermatt
(Tour 4)
Rechts: Schneeschuhwandern in Engelberg
(Tour 6)

Nachweis Textstellen

Vorwort
Alle Zitate von Robert Walser aus «Die Kleine
Schneelandschaft» und «Schneien». Aufgenom-
men in «Tiefer Winter. Geschichten von der
Weihnacht und vom Schneien.» Insel, Frankfurt
am Main und Leipzig, 2007.

Kapitel 1 Davos
Alle Zitate von Thomas Mann aus «Der Zauberberg». S. Fischer, Berlin, 1924.

Kapitel 2 Arosa
Alle Zitate von Hermann Hesse aus «Winter-
ferien». Aufgenommen in «Die Kunst des
Müssiggangs. Kurze Prosa aus dem Nachlass.»
Suhrkamp, Frankfurt am Main, 1973.

Kapitel 3 Bergün
Alle Zitate von Hermann Hesse aus «Winter-
tage in Graubünden». Aufgenommen in «Kleine
Freuden. Kurze Prosa aus dem Nachlass.»
Suhrkamp, Frankfurt am Main, 1977.

Kapitel 4 Andermatt
Alle Zitate von Johann Wolfgang von Goethe
aus «Reisen – Briefe aus der Schweiz 1779».
Artemis, Zürich, 1962.

Kapitel 5 Säntis
Zitat von Robert Walser aus «Die vier Jahres-
zeiten». Aufgenommen in «Tiefer Winter.
Geschichten von der Weihnacht und vom
Schneien.» Insel, Frankfurt am Main und
Leipzig, 2007.

Kapitel 9 Kandersteg
Zitat von Mark Twain aus «Bummel durch
Europa». Insel, Frankfurt am Main und Leipzig,
1997.

Kapitel 13 Meiringen
Alle Zitate von Hermann Hesse aus «Vor einer
Sennhütte im Berner Oberland». Aufgenommen
in «Die Kunst des Müssiggangs. Kurze Prosa
aus dem Nachlass.» Suhrkamp, Frankfurt am
Main, 1977.

Kapitel 14 Weissenstein
Beschreibung aus «Baedekers Schweiz».
Karl Baedeker, Leipzig, 1913.

Kapitel 15 Vue des Alpes
Alle Zitate von Johann Wolfgang von Goethe
aus «Reisen – Briefe aus der Schweiz 1779».
Artemis, Zürich, 1962

Kapitel 17 Château-d'Oex
Alle Zitate von Jules Verne aus «Fünf Wochen
im Ballon». Diogenes, Zürich, 1976.

Kapitel 20 Visperterminen
Zitate von Jack London aus «Lockruf des
Goldes», Büchergilde Gutenberg, Frankfurt am
Main, 1973.

Kapitel 21 Saas Fee
Zitate von Carl Zuckmayer aus «Als wär's ein
Stück von mir», Fischer Taschenbuch, Frankfurt
am Main, 1969.

Kapitel 22 Zermatt
Zitate von Edward Whymper aus «Matterhorn.
Der lange Weg auf den Gipfel», AS, Zürich,
2005.

Impressum

Alle Touren in diesem Buch wurden vom Autor
gewandert und sorgfältig recherchiert. Die
Angaben wurden nach bestem Wissen und
Gewissen zusammengestellt und entsprechen
dem Stand vom Frühjahr 2008. Verlag und
Autor übernehmen jedoch keine Gewähr für
die Richtigkeit der Angaben. Die Begehung
der vorgeschlagenen Routen erfolgt auf eigene
Verantwortung.

Hinweise, Ergänzungen, Tipps und Anregungen
nimmt der Autor gerne entgegen:
E-Mail: info@jochen-ihle.ch
Homepage: www.jochen-ihle.ch

ISBN 978-3-85932-600-2

Gestaltung: Buch & Grafik,
Barbara Willi-Halter, Zürich
Satz: Simone Pedersen, St. Gallen
Lektorat: Natascha Fischer, Zürich
Karten: Thomas Gloor,
Schweizer Wanderwege, Bern
Druck: Bodan AG Druckerei und Verlag,
Kreuzlingen

www.werdverlag.ch

WeitWandern

www.weitwandern.ch

geführte Schneeschuhtouren

Wer das Ziel nicht kennt,
kann den Weg nicht gehen.
Wer den Weg nicht geht,
kommt nicht ans Ziel.

(Friso Melzer)

WeitWandern

Markus Zürcher
Allmigässli 27
Postfach 122
3703 Aeschiried

Tel: 033 654 18 42
Fax: 033 654 11 34

markus.zuercher@weitwandern.ch

Coole Abenteuer

200 Seiten, broschiert
ISBN 978-3-85932-604-0
CHF 34.90 / EUR 24.90

Jochen Ihle

Erlebniswanderungen mit Kindern

Höhlentouren, Wasserwege und Gipfelspass in den Schweizer Bergen

Packende Wandererlebnisse für Gross und Klein: 30 Touren, gepaart mit spannenden Aktivitäten, in der Schweizer Bergwelt, vom zauberhaften Märchenweg bis zur höchsten Hängeseilbrücke Europas, auf Tuchfühlung mit Dinosauriern, Steinböcken und Wichteln – Vergnügen pur für die ganze Familie.

160 Seiten, broschiert
ISBN 978-3-85932-612-5
CHF 32.90 / EUR 23.50

Jochen Ihle

Erlebniswanderungen mit Jugendlichen

Fun und Faszination für die ganze Familie

Jochen Ihle nimmt Teenager und Eltern mit zum Sonnenaufgang auf einen 3000er, wandert auf einer Handy-Safari, schwingt sich an Seilen durch einen Park, führt durch einen Rätselparcours oder wandelt auf Jahrmillionen alten Dinosaurierspuren – 22-mal Spass und Abenteuer für alle.

WERDVERLAG

buecher@werdverlag.ch
Tel. 0848 848 404 (CH), Tel. 07154 13 270 (D)
Besuchen Sie unsere Website: www.werdverlag.ch

(Preisänderungen vorbehalten)

Gemeinsame Erlebnisse

160 Seiten, broschiert
ISBN 978-3-85932-628-6
CHF 32.90 / EUR 23.50

Jochen Ihle

Wanderungen
zu Tier- und Wildparks

23 Touren auf Tuchfühlung
mit einheimischen Tieren in der Schweiz

Heute schon einen Hirsch gesehen?
Einen Luchs, einen Steinbock oder gar
einen Wolf? In Wildparks sind einheimische oder ehemals einheimische Tier-
arten zu entdecken. Die Parks sind
Ausflugsziele für die ganze Familie und
Erholungsräume – nicht nur für Tiere,
sondern auch für Menschen.

160 Seiten, broschiert
ISBN 978-3-85932-648-4
CHF 32.90 / EUR 23.50

Jochen Ihle

Wanderwege
zu Badewelten

Erlebnis, Entspannung und
Erholung auf 22 Pfaden zum Baden

Was gibt es Schöneres, als nach
einer Wanderung ins warme Thermal-
wasser zu tauchen? Die Genuss-
touren führen zu Sprudelbädern und
Solebecken, Dampfbädern und Grotten
für sinnliche Entspannung und zu
Bädern mit Rutschbahnen, Wildwasser-
fluss und Wellenbad für Spass und Fun.

WERDVERLAG

buecher@werdverlag.ch
Tel. 0848 848 404 (CH), Tel. 07154 13 270 (D)
Besuchen Sie unsere Website: www.werdverlag.ch

(Preisänderungen vorbehalten)

Spannende Räume

160 Seiten, broschiert
ISBN 978-3-85932-635-4
CHF 32.90 / EUR 23.50

Jochen Ihle

Wanderungen zu historischen Berghotels

22 Touren auf den Spuren alpiner Pioniere

Berghotels mit Geschichte sind oft nur zu Fuss erreichbar. Sie liegen an einstmals bedeutenden Passrouten, thronen auf Gipfeln oder einsamen Alpen. Schon die Wege dorthin sind ein Erlebnis, und der Aufenthalt in den nostalgischen Räumen gleicht einer Zeitreise – in die Pionierzeit des Schweizer Tourismus.

160 Seiten, broschiert
ISBN 978-3-85932-557-9
CHF 32.90 / EUR 23.50

Reinhard Brühwiler

Wanderungen ins Innere der Schweiz

Geheimnisvolle Stollen und Höhlen entdecken

24 Wanderungen unter die Oberfläche der Schweiz, hinab in den geheimnisvollen, unbekannten Kontinent unter der Erde: ins sagenumwobene Reich der Feen, ins verwirrende Stollenlabyrinth alter Bergwerke, in tiefe Kavernen einst geheimer Festungen und in jahrtausendealte Grottenburgen – magische Orte abseits der grossen Touristenpfade.

WERDVERLAG

buecher@werdverlag.ch
Tel. 0848 848 404 (CH), Tel. 07154 13 270 (D)
Besuchen Sie unsere Website: www.werdverlag.ch

(Preisänderungen vorbehalten)

Eintauchen und abheben

176 Seiten, broschiert
ISBN 978-3-85932-636-1
CHF 32.90 / EUR 23.50

Reto Solèr

Wasserwege der Schweiz

24 erfrischende Wanderungen zu rauschenden und stillen Gewässern

Ob lauschiges Bächlein oder tosender Wasserfall, kristallklarer Bergsee oder gewaltiger Gletscher – die Erscheinungsformen von Wasser sind so vielfältig wie die Touren in diesem Buch. Allesamt sind an einem Tag machbar, und viele erlauben auch einen Sprung ins kühle Nass – ein prickelndes, sinnliches Erlebnis schlechthin.

152 Seiten, broschiert
ISBN 978-3-85932-633-0
CHF 32.90 / EUR 23.50

Reto Friedmann

Auf dem Höhenweg von Zürich zum Gotthard

16 Wanderetappen hoch über der Transitachse

Reto Friedmann lädt ein, die Strecke Zürich–Gotthard in sechzehn Tageswanderungen, die auch einzeln begangen werden können, neu zu entdecken. Der Wasserscheide der Reuss folgend, führt uns der Höhenweg über Alpwiesen voller Enziane, durch lichte Bergwälder, vorbei an dunkelblau funkelnden Bergseen, hinunter in felsige Schluchten und hinauf zu wolkigen Bergkämmen dem Gotthardpass zu.

WERDVERLAG

buecher@werdverlag.ch
Tel. 0848 848 404 (CH), Tel. 07154 13 270 (D)
Besuchen Sie unsere Website: www.werdverlag.ch

(Preisänderungen vorbehalten)